Aprende

a

programar

con

Ruby on Rails

Ángel Arias

ISBN: 978-1495480386

ÍNDICE

Nota del Autor

Esta publicación está destinada a proporcionar el material útil e informativo. Esta publicación no tiene la intención de conseguir que usted sea un maestro de las bases de datos, sino que consiga obtener un amplio conocimiento general de las bases de datos para que cuando tenga que tratar con estas, usted ya pueda conocer los conceptos y el funcionamiento de las mismas. No me hago responsable de los daños que puedan ocasionar el mal uso del código fuente y de la información que se muestra en este libro, siendo el único objetivo de este, la información y el estudio de las bases de datos en el ámbito informático. Antes de realizar ninguna prueba en un entorno real o de producción, realice las pertinentes pruebas en un entorno Beta o de prueba.

El autor y editor niegan específicamente toda responsabilidad por cualquier responsabilidad, pérdida, o riesgo, personal o de otra manera, en que se incurre como consecuencia, directa o indirectamente, del uso o aplicación de cualesquiera contenidos de este libro.

Todas y todos los nombres de productos mencionados en este libro son marcas comerciales de sus respectivos propietarios. Ninguno de estos propietarios han patrocinado el presente libro. Procure leer siempre toda la documentación proporcionada por los fabricantes de software usar sus propios códigos fuente. El autor y el editor no se hacen responsables de las reclamaciones realizadas por los fabricantes.

QUÉ ES RUBY ON RAILS

Ruby on Rails es una tecnología que permite desarrollar webs dinámicas orientadas a base de datos y aplicaciones para la web de forma semejante a tantos otros lenguajes de programación como PHP o ASP. Sin embargo, a pesar de ser más nuevo que estos dos lenguajes, Ruby on Rails está creciendo de forma asombrosa y ha llamado la atención de desarrolladores de todo el mundo debido a que permite aumentar la velocidad y facilidad en el desarrollo de proyectos.

Técnicamente hablando, Rails es un framework creado en lenguaje de programación Ruby (de ahí el nombre Ruby on Rails). Un framework es como un esqueleto sobre el cual se desarrolla una aplicación completa. Existen decenas de frameworks disponibles y muchos de ellos existen desde hace más tiempo que Rails, entonces lo que hace Rails ¿es tan importante? La respuesta es simple: Rails fue creado con el objetivo de permitir el desarrollo ágil, con alta productividad, escribiendo pocas líneas de código y teniendo un buen resultado como consecuencia. Aplicaciones que llevan semanas o meses si se desarrollan en lenguajes tradicionales pueden ser hechas en horas o días con Ruby on Rails.

EL LENGUAJE RUBY

Ruby es un lenguaje de script interpretado para programación orientada a objetos con una filosofía y síntaxis muy limpia lo que hace que programar sea elegante y divertido. El lenguaje fue creado a principios de la década de los noventa en Japón y rápidamente ganó popularidad en el mundo entero por estar enfocado hacia las personas.

Para hacerse un desarrollador en Ruby on Rails pleno es importante conocer a fondo el lenguaje Ruby.

Apuntes de Ruby

Este libro está dirigido al estudio del framework Ruby on Rails, pero a lo largo de él se encontrará con apuntes específicos de lenguaje Ruby.

A quién se destina este libro

El objetivo de este libro es servir como un primer contacto con el framework Ruby on Rails; no se trata de una referencia completa sobre el tema. Se trata de un material para desarrolladores que se interesen por Ruby on Rails y que quieran aprender los conceptos fundamentales en la práctica, creando una aplicación real. Al completar este libro, usted adquirirá la base mínima necesaria para comenzar a trabajar y estudiar más a fondo el lenguaje Ruby y el Framework Rails.

Configuración e Instalación

Este libro parte de la premisa de que este familiarizado con programación Web en general, y con por lo menos una base de datos relacional. En la elaboración de este libro se ha utilizado MySQL, por ser una base de datos de fácil instalación y por estar ampliamente difundida en la web, pero puede usar el sistema que mejor se adapte a su entorno, principalmente considerando que Rails esconde la mayor parte de la complejidad en esta área y que soporta las principales bases de datos existentes en el mercado.

Para comenzar, asumiremos que tenga una base de datos instalada y que esté listo para instalar el lenguaje Ruby y el Rails.

Apuntes de Ruby - GEM

En las instalaciones para Windows, Mac y Linux se utilizará el GEM. Gem es el gestor de paquetes de Ruby, capaz de bajar los archivos necesarios de la Web e instalarlos en la ruta apropiado dentro de las bibliotecas de Ruby sin que el desarrollador tenga que preocuparse con los detalles del proceso.

INSTALACIÓN EN WINDOWS

En Windows existe el Ruby One-Clic Installer. Ese instalador puede ser descargado de http://rubyforge.org/projects/rubyinstaller/ y basta ejecutarlo para tener un entorno Ruby para Windows (sólo Ruby, sin Rails de momento). Vamos a utilizar ahora el gestor de paquetes GEM para instalar el propio Rails y algunas otras GEMS que serán necesarias durante el desarrollo. Abra la línea de comando de su Windows y teclee.

gem install sqlite3-ruby gem install mysql gem install rails

Ahora tiene un entorno completo Ruby on Rails en Windows.

Alternativamente, en vez de realizar manualmente la instalación puede descargarse *InstantRails*, una aplicación que contiene todo lo que es necesario para comenzar el desarrollo: Ruby, Rails, servidores Apache y Mongrel además del MySQL. El InstantRails es tan simple que ni es necesario instalarlo – basta descomprimirlo en la carpeta deseada y ejecutar la aplicación. El InstantRails puede ser descargado en http://instantrails.rubyforge.org

INSTALACIÓN EN MAC OS

En Mac OS 10.5 y en delante, Ruby y Rails vienen preinstalados por defecto. El único problema es que la versión que venga instalada puede no ser la versión más reciente. Para actualizar su sistema siga los siguientes procedimientos:

1-Instale el XCode Tools, presente en el CD de instalación del MAC OS, en la categoría "Optional Installs" (arquivoXcodeTools.mpkg)

2-Abra la terminal y teclee:

sudo gem update --include-dependencies

3 -Seleccione las opciones por defecto de su instalación y después de unos momentos su sistema estará actualizado.

INSTALACIÓN EN LINUX

En distribuciones de Linux como el Ubuntu o Debian, con facilidades para la instalación de aplicaciones, una manera rápida es usar las herramientas de las propias distribuciones para bajar los paquetes necesarios.

Así, si está utilizando Linux, le recomendamos que compile su propia versión de Ruby. La versión 1.8.6 es estable. Para compilarla, utilice el procedimiento que se indica abajo:

wget ftp://ftp.ruby-lang.org/pub/ruby/ruby-1.8.6.tar.gz tar xvfz ruby-1.8.6.tar.gz cd ruby-1.8.6 ./configure --prefix=/usr make make install

Para verificar la versión instalada de Ruby, use el siguiente comando:

ruby -v ruby 1.8.6 (2007-09-24) [i486-linux]

Una vez que Ruby esté instalado, es hora de hacer lo mismo con Rails. El procedimiento es bien simple: basta ejecutar el comando indicado:

gem install rails --include-dependencies

Con los pasos de arriba finalizados, está listo para comenzar a desarrollar en Rails.

DESARROLLANDO UNA APLICACIÓN COMPLETA

Para ejemplificar los conceptos abordados en este libro, vamos a desarrollar una aplicación completa para una agenda de eventos. Esta aplicación listará una serie de eventos como cursos, encuentros y seminarios con sus respectivas descripciones y fechas, y permitirá que se haga la gestión de estas informaciones como el registro, edición y eliminación de eventos.

El primer paso a realizar es crear el directorio de trabajo de la aplicación. Esto se logra tecleando el comando abajo indicado en la consola (o en el prompt de comando, en el caso de Windows):

rails eventos

El comando *rails* genera el esqueleto completo de una aplicación, lista para ejecutarse. Este comando fue creado en su sistema cuando instaló las bibliotecas necesarias. Después de teclearlo usted verá el resultado del proceso de creación, conforme se muestra abajo:

```
Create

create   app/controllers

create   app/helpers

create   app/models

create   app/views/layouts

create   config/environments

create   Components

create   Db

create   Doc

create   Lib

create   lib/tasks

...
```

En el esqueleto generado, cada parte de la aplicación tiene una ruta específica para ser colocada. Eso deriva de una de las filosofías por detrás de Rails que puede ser descrita por la frase "convención en vez de configuración". Convención, en este caso, significa que hay un acuerdo entre el framework y usted, el desarrollador, de modo que no necesita preocuparse de ciertos detalles que, de otra forma, tendrían que ser descritos en un archivo de configuración.

No vamos a entrar en detalles sobre la estructura de directorios ahora porque quedará evidente a medida que avancemos en el libro. No se preocupe: es muy lógica y, la mayor parte del tiempo, es gestionada automáticamente por Rails.

Ahora que tenemos una aplicación básica, vamos a ejecutarla y ver el resultado. Para facilitar el trabajo, Rails viene con su propio servidor Web, utilizando las bibliotecas del propio Ruby. Para ejecutar el servidor, basta usar uno de los scripts presentes en cada aplicación generada por Rails. Entre en el directorio recién creado y teclee:

script/server start

=> Booting Mongrel (use 'script/server webrick' WEBrick)
=> Rails application starting on http://0.0.0.0:3000
=> Call with to detach
*=> Ctrl-C to shutdown server ** Starting Mongrel listening at :3000 ** Starting Rails with development environment... ** Rails loaded. ** Loading any Rails specific GemPlugins ** Signals ready. TERM*
=> stop. USR2
=> restart. INT
*=> stop ** Rails signals registered. HUP => reload (without restart). ** Mongrel available at 0.0.0.0:3000 ** Use CTRL-C to stop.*

Como puede ver, el comando inicia una instancia del servidor Mongrel, capaz de servir aplicaciones Rails sin necesidad de cualquier otra configuración adicional. El servidor se ejecuta localmente y recibe peticiones en el puerto 3000. Recuerde que en entornos Windows, debe teclear *"ruby script/server start"*.

Como se muestra arriba, tenemos una aplicación inicial rodando que, incluso, muestra cuáles son los próximos pasos para continuar el desarrollo de la misma.

CONFIGURANDO LA BASE DE DATOS

Vamos ahora a configurar la base de datos de la aplicación. Este primer paso es muy importante porque Rails usa la información procedente del esquema de la base de datos para generar automáticamente archivos y configuraciones adicionales. De esta forma, garantizar que la base está funcionando correctamente, configurada para el uso de la aplicación, es el paso inicial de cualquier desarrollo en Rails.

El archivo de configuración de la base de datos se llamada database.yml y está localizado en el directorio config, junto con los demás archivos de configuración de la aplicación.

Consejo de Ruby - Archivos YAML (*.yml)

Un archivo del tipo YAML es un archivo de datos como el XML, por ejemplo, pero con una sintaxis más limpia y compacta. Un documento YAML es bastante útil para guardar archivos de configuración.

Abriendo el archivo database.yml, observe que una aplicación Rails generalmente utiliza tres bases de datos, una para cada entorno de desarrollo por defecto. Fíjese también que por defecto el archivo ya viene previamente configurado para la base de datos SQLite. En nuestra aplicación utilizaremos la base MySQL, por lo tanto nuestra configuración quedará así:

```
development:
adapter: mysql
encoding: utf8
database: eventos_development
pool: 5
username: root
password:
host: localhost
test:
adapter: mysql
encoding: utf8
database: eventos_test
pool: 5
username: root
password:
host: localhost
production:
adapter: mysql
encoding: utf8
database: eventos_production
```

pool: 5
username: root
password:
host: localhost

Una base de datos es utilizada para el desarrollo, donde todos los cambios son aplicados. Esta tiene su correspondencia en una base de producción, donde las modificaciones solamente son aplicadas una vez que estén completas. El archivo permite configurar, asímismo, una base de datos remota en donde sus modificaciones finales serán redireccionadas—aunque generalmente es mejor utilizar otro método de implantación, como veremos más adelante. La tercera base mostrada en la parte superior es una base de pruebas, utilizada por Rails para la ejecución de *unit testing*. Esa base debe ser mantenida necesariamente a parte ya que todos los datos y tablas presentes en la misma son excluidos y vueltos a crear en cada prueba completa efectuada en la aplicación.

Volviendo a nuestra aplicación, como un archivo de configuración importante fue cambiado, el servidor Web necesita ser reiniciado. Esto sucede porque él solamente lee esas configuraciones en el inicio de ejecución. Este es uno de los raros casos en que un servidor de desarrollo necesita ser reiniciado ya que Rails recarga prácticamente cualquier modificación hecha en la aplicación cuando está en el modo de desarrollo.

Ahora tenemos una aplicación y una base de datos configurada. Con eso ya podemos iniciar el proceso de desarrollo propiamente dicho.

MVC – Models, Views y Controllers

Rails utiliza una estrategia de desarrollo llamada de MVC (Model-View-Controller). Esa estrategia separa los componentes de la aplicación en 3 partes distintas:

Model

El Model es la parte de la aplicación que hace conexión con la base de datos. Técnicamente, el model es implementado por la clase ActiveRecord.

View

La View es la interfaz con el usuario – un sistema de template que genera documentos HTML (entre otros) que son enviados al usuario. Las clases conocidas como ActionPack, implementan la View y también el Controller.

Controller

Un controller es una clase responsable de recibir las peticiones hechas por la aplicación y ejecutar las acciones necesarias para atender esas peticiones. Es en el controller en donde definimos la lógica del funcionamiento de nuestra aplicación.

El controller es quién será efectivamente solicitado por el navegador. Cuando es necesario, el controller utiliza un Model previamente definido para acceder a la base de datos y, finalmente, envía un archivo de visualización (una View) al usuario.

A pesar de parecer complicado y trabajoso demás a primera vista, este modo de trabajar aporta una serie de ventajas en relación al modelo tradicional de desarrollo en que una única página mezcla códigos responsables para su funcionamiento, para el acceso a la base de datos y para mostrar datos al usuario. Algunas ventajas son:

El mantenimiento se vuelve más fácil al haber una clara distinción entre las partes de la aplicación

Es posible mantener un control centralizado de toda la web en un único (o en pocos) archivo(s), en vez de esparcido en decenas de ellos.

El PRIMER CONTROLLER

Vamos a comenzar creando un controller para trabajar con la página inicial de nuestra aplicación. Para generar un controller, usamos el comando indicado a continuación:

script/generate controller eventos

exists app/controllers/ exists app/helpers/ create app/views/eventos exists test/functional/ create app/controllers/eventos_controller.rb create test/functional/eventos_controller_test.rb create app/helpers/eventos_helper.rb

Utilizaremos mucho el comando *generate*, que genera documentos automáticamente. El nombre pasado al comando es *eventos*, que será usado para componer todos los archivos generados por el mismo.

Si trata de acceder a la URL de ese controller ahora, va a ver la pantalla de error de abajo:

Note que, en ese caso, sólo informamos /controller/ como la URL, sin pasar la parte correspondiente a una acción o a un id. En ese caso, Rails asume que estamos invocando la acción index sin id. En vez de tener siempre que especificar una acción por defecto en algún lugar, Rails admite que la acción es index, ahorrando trabajo al desarrollador sin que afecte a la aplicación.

Vamos a mirar el archivo app/controllers/eventos_controller.rb generado por nuestro comando. Como ya mencionamos, Rails sigue una estructura fija de directorios, ahorrando trabajo una vez más al desarrollador.

Los archivos relacionados con la base de datos se ubican en el directorio db, archivos de configuración en config y todo relacionado con la MVC va en app. Dentro de app tenemos varios directorios que contienen más partes específicas de la aplicación. En algunos casos, Rails también añade un sufijo al archivo, evitando colisiones de nombres y problemas extraños en la aplicación, como es el caso aquí. El archivo del controller creado contiene el siguiente:

class EventosController < ApplicationController end

La clase EventosController define quién responderá a las peticiones por defecto en /home. Ella hereda de la clase ApplicationController, que está definida en el archivo application.rb, en el mismo directorio. Siendo así, cualquier método creado en la clase ApplicationController estará automáticamente disponible en los controllers generados para la aplicación.

Para crear la acción index, basta añadir un método a la clase:

class EventosController < ApplicationController
def index end
end

El principio que usamos arriba es común en todo Rails. Básicamente todo lo que hacemos en una aplicación, usando lo mismo, consiste en extender alguna clase por medio de la adición de métodos personalizados.

Recargando la página en el navegador, observamos lo siguiente:

Vemos que en esta ocasión Rails identificó la acción a ser ejecutada, pero, como la aplicación no especificó ningún retorno, hubo un error. Eso sucedió porque Rails intentó aplicar automáticamente una view para aquella acción del controller. Como la view aún no existe, tenemos el error.

LA PRIMERA VIEW

Vamos a crear nuestra primera view. Rails está automáticamente configurada para buscar por la view con el mismo nombre de la acción. Nuestra acción se llama index, por lo tanto necesitamos crear una view con el mismo nombre "index". Las views son guardadas en una carpeta con el mismo nombre del controller, por lo tanto en nuestro caso creamos el archivo app/views/eventos/index.html.erb

Vamos a crear el siguiente archivo, entonces:

<p>Hola mundo!</p>

Ahora, recargando la página, vemos que ocurre lo siguiente: Sin que haya necesidad de especificar alguna cosa, Rails está usando el archivo adecuado. Vea que no configuramos nada. Creamos un controller, definimos un método en el mismo, y creamos un archivo que contiene lo que queremos que sea devuelto por aquel método. La simple existencia de esos archivos representa una cadena de ejecución sin que necesitemos preocuparnos con que parte de la aplicación hace esto o aquello.

Otra acción que fuera creada dentro de ese controller seguiría lo mismo por defecto. El nombre de la acción sería asociado a un nombre de archivo dentro de un directorio en app/views cuyo nombre sería el del propio controller. Rails también es capaz de, llegado el momento, responder a una acción aunque el método no exista, siempre que la view esté presente en el directorio correcto.

INCREMENTANDO LAS VIEWS CON EL USO DE LAYOUTS

Para facilitar el desarrollo de la parte visual de una aplicación, Rails posee un concepto denominado *layouts*. En la mayoría de las aplicaciones Web, las páginas varían solamente en su contenido principal, contando con cabeceras, pies y barras de navegación comunes. Obviamente, un framework cuyo mayor objetivo es aumentar la productividad de un desarrollador no exigiría que el código para esos elementos tuviera que ser repetido en cada view.

Un layout funciona como un archivo raíz, dentro del cual el resultado de una view es insertado automáticamente.

Rails define un archivo por defecto de layout que es usado automáticamente por cualquier view a no ser que se especifique lo contario. Rails es lo bastante inteligente como para solamente usar un layout en views con la misma extensión.

El layout por defecto para la aplicación queda en un archivo llamado application.html.erb, dentro del directorio app/views/layouts. Si miráramos ahora el código generado por la página que creamos en nuestro primer ejemplo de Controller y View, tendriamos lo siguiente:

Como puede observar, no estamos generando ninguno de los elementos HTML generalmente visualizados en una página común.

Vamos a crear el archivo application.html.erb en el directorio especificado, con el siguiente contenido:

<html> <head>
<title>Central Eventos</title> </head>
<body> <div id="principal">
<%= yield %> </div> </body>
</html>

Tenemos en el archivo de arriba, el primer ejemplo de uso de código Ruby dentro de una view, delimitado por los marcadores

<% y %>. Aquellos familiarizados con PHP y ASP reconocerán el estilo de marcadores, con el uso de <%= objeto %> para devolver contenido.

En el caso de arriba, el método especial *yield* retorna el contenido actual generado por la acción, sea por medio de una view o usando rendir directamente. El método yield tiene una connotación especial en Ruby, sirviendo para invocar el bloque asociado al contexto. Insertado en un layout de Rails, el bloque define la ejecución de la acción, con su consecuente retorno de contenido.

Nuestra página recargada ahora queda como se muestra a continuación:

No parece mucha cosa, pero, mirando el código, verá lo siguiente:

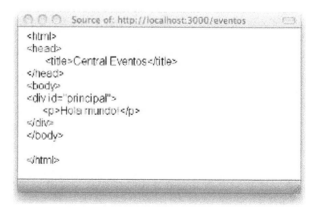

Lo que necesitamos hacer ahora es extender nuestro layout. Nuestro archivo application.html.erb podría ser cambiado a lo siguiente:

```
<html> <head> <title>Central Eventos</title>
<%= stylesheet_link_tag "default" %>
</head>
<body> <div id="principal"> <%= yield %> </div> </body>
</html>
```

El método stylesheet_link_tag recibe el nombre de una stylesheet como parametro y genera un link a la misma. Nuestro código generado queda ahora así:

Note que una vez más Rails asumió una ruta por defecto. En este caso, el archivo es servido directamente de la raíz de la aplicación, que es el directorio public. Puede crear un archivo llamado default.css en el directorio public/stylesheets para añadirlo a la aplicación.

Un ejemplo de eso sería:

```
body{
background-color:#763A3A; } h1{
font-family:Verdana, Arial, Helvetica, sans-serif; font-variant:small-caps; font-size:30px; margin:0px; color:#572B2B;
}
```

```
h2{ font-family:Arial, Helvetica, sans-serif; font-size:25px;
margin:0px;
}
p{ font-family:Arial, Helvetica, sans-serif; font-size:12px;
color:#333333;
}
#principal{ width:760px; height:600px; border:solid 2px
#000000; background-color:#FFFFFF; margin:20px auto 0px
auto; padding:15px;
}
```

Una cosa a tener en cuenta es que el layout por defecto de la aplicación no es, en modo alguno, el único que puede ser generado. Usted puede crear tantos layouts como necesite, colocándolos en el mismo directorio, desde donde estarán accesibles para toda la aplicación.

Para usar un layout diferente en un controler puede hacer algo así:

```
class EventosController < ApplicationController
layout "home"
    def index end
    end
```

El layout cuyo nombre es home sería especificado en el archivo app/views/layouts/ home.html.erb, con la misma funcionalidad del archivo application.html.erb.

MODELS

Los Models corresponden a la capa de acceso a la base de datos, implementada en Rails por un componente denominado ActiveRecord. Rails automáticamente entiende que todas las tablas creadas en la base para uso en models satisfarán dos condiciones: tendrán un nombre plural en inglés y tendrán una llave o clave primaria auto-incrementada llamada id. Es posible cambiar ambas condiciones, pero inicialmente nos quedaremos con ellas para no tener que modificar lo que Rails genera y usa automáticamente.

Para generar un model, utilizamos el siguiente comando:

script/generate model categoría

exists app/models/ exists test/unit/ exists test/fixtures/ create app/models/categoría.rb create test/unit/categoría_test.rb create test/fixtures/categorías.yml create db/migrate create db/migrate/20081011091001_create_categorías.rb

El comando de arriba genera toda la estructura de soporte al model, incluyendo pruebas y migraciones para el mismo (abordaremos estos asuntos más adelante en este libro). El archivo responsable de la implementación del model está en app/model/ categoría.rb y contiene sólo lo siguiente:

class Categoría < ActiveRecord::Base end

Esas dos líneas, apoyadas por Rails, ya providencian una riqueza de implementación que nos permite recuperar, insertar y actualizar datos en la base, y ejecutar una serie de operaciones complejas sin la necesidad de cualquier comando SQL directo.

CREANDO MIGRACIONES

Rails tiene una solución innovadora para crear las tablas de su base de datos: Él creó el concepto de migrations (migraciones). Migrations son scripts en Ruby que describen operaciones y modificaciones de cualquier naturaleza en la base de datos. Las Migraciones son la manera más fácil de añadir tablas a la base.

En el caso de arriba, estamos generando una migración, cuyo nombre es create_categorías.

class CreateCategorias < ActiveRecord::Migration def self.up create_table : categorías de la |t|

t.timestamps end end
def self.down drop_table :categorías end end

El método *self.up* es utilizado para efectuar las modificaciones. Su opuesto, *self.down*, es usado para deshacer esas modificaciones si está alterando los cambios a una versión anterior de la base.

Vamos a editar el archivo ahora para incluir la tabla que deseamos crear:

class CreateCategorias < ActiveRecord::Migration def self.up create_table :categorías de la |t|
    t.string :nombre_categoría
    t.timestamps end end
    def self.down drop_table :categorías end end

Para efectuar sus migraciones, Rails utiliza un lenguaje de dominio que permite especificar operaciones de base de datos de forma abstracta, que no está restringida a un servidor específico. Es posible ejecutar operaciones directamente via SQL en la base, pero eso no está recomendado para no romper esa abstracción.

En el caso de arriba, el método create_table dentro de self.up sirve para especificar la tabla que será creada. Ese método recibe un bloque como parametro que especifica las columnas que serán añadidas.

Volviendo a nuestro código, como la tabla tendrá solamente una columna inicialmente, que es el nombre de la categoría, solamente necesitamos de una línea, identificando el tipo de la columna y su nombre. Más adelante veremos otros tipos y opciones.

RAKE

Ahora es el momento de aplicar esa migración a la base, subiendo su versión. Para eso, tenemos el comando rake, que es parte de Ruby. El rake es capaz de realizar varias tareas diferentes, estando gran parte de ellas destinadas a la manipulación de bases de datos.

La primera tarea que utilizaremos crea la base de datos automáticamente. Basta teclear el comando rake db:create

En la secuencia utilizaremos el rake db:migrate, que aplica las migraciones aún no efectuadas a una base de datos.

Ejecutamos el comando de la siguiente forma:

rake db:migrate
== 20081011091001 CreateCategorias: migrating
=================================== --
create_table(:categorías)
-> 0.0021s == 20081011091001 CreateCategorias: migrated
(0.0022s) =======================

Si observamos la base ahora, tendremos el siguiente esquema:

Tables in eventos
categorías schema_migrations

Dos tablas fueron creadas, categorías y schema_migrations. La primera es la que especificamos. La segunda describe información de la base para Rails.

La tabla categorías quedó así:

Field	Type	Null	Key	Default	Extra
id nombre_ca tegoría	int (11) varchar	EN El YEs	PRI	NULL NULL	auto_incr ement

	(255)				

Como puede ver, no es preciso especificar la clave primaria, que es automáticamente creada por Rails.

La tabla schema_migrations posee los siguientes datos:

version
200810110910 01

Ese número de versión es un timestamp, y cada nueva migración tendrá una versión.

Vamos a crear ahora un nuevo model correspondiente a la tabla de eventos. El comando es:

script/generate model evento

exists app/models/ exists test/unit/ exists test/fixtures/ create app/models/evento.rb create test/unit/evento_test.rb create test/fixtures/eventos.yml exists db/migrate create db/migrate/20081011092126_create_eventos.rb

Usted puede ver que Rails generó un template de la migración, y basta con editarlo:

class CreateEventos < ActiveRecord::Migration def self.up create_table :eventos de la |t|
t.timestamps end end

def self.down drop_table :projects end end

El archivo final sería, con base a lo que hicimos hasta el momento:

class CreateEventos < ActiveRecord::Migration def self.up create_table :eventos de la |t| t.string :titulo t.datetime :data t.text :descricao t.integer :categoría_id t.timestamps end end

def self.down drop_table :eventos end end

No necesita preocuparse de crear todos los campos inicialmente. Siempre puede usar otra migración para eso.

Ejecutando el comando rake para cargar las migraciones una vez más, tenemos lo siguiente:

rake db:migrate

== 20081011092126 CreateEventos: migrating ====================================== -- create_table(:eventos)
-> 0.0311s == 20081011092126 CreateEventos: migrated (0.0314s) ==========================

El resultado final de la base sería:

Tables in Eventos
categorías eventos schema_migrations

REGISTRO MANUAL EN LA BASE DE DATOS

Cuando creamos una nueva aplicación Rails, normalmente usamos las propias funcionalidades desarrolladas en la aplicación o fixtures para introducir datos de prueba en la base de datos. Sin embargo, como estamos aprendiendo, necesitaremos dar de alta manualmente algunos datos en nuestra base de datos. El registro manual de datos puede ser hecho de dos formas – Utilizando un programa específico que se conecte a la base de datos o via códigos Rails:

- Utilizando un programa específico: Existen diversos softwares que se conectan a una base de datos y muestran una interfaz gráfica para hacer cambios. Algunos son incluso gratuitos, como el CocoaMySQL para Mac o el HeidiSQL para Windows.

Cocoa MySQL

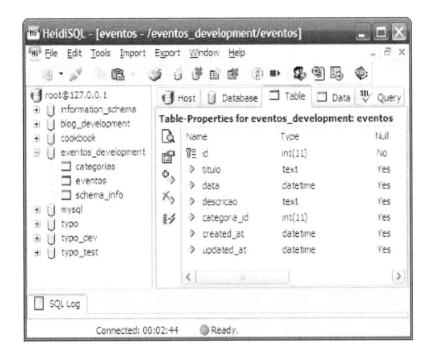

HeidiSQL para Windows

- Via código Rails a través de la consola: Es posible también hacer la introducción manual de estos datos en línea de comandos a través de la consola de Rails. Ejecute la consola de Rails tecleando:

script/consoly Loading development environment (Rails 2.3.1)

En la secuencia, añada datos en la base directamente por el nombre del model seguido por la instrucción create. Por ejemplo, para incorporar una nueva categoría a nuestra tabla de categorías, tecleamos:

>> Categoría.create(:nombre_categoría => 'Palestra') => #<Categoría id: 1, nombre_categoría: "Palestra"> >>

Para insertar un nuevo evento, tecleamos:

*>> Evento.create(?> :titulo => 'Desarrollo agil con Rails', ?>
:descripcion => 'Conferencia sobre desarrollo de aplicaciones
para web.', ?> :data => '2008-03-01', ?> :categoria_id => '1')
=> #<Evento id: 1, titulo: "Desarrollo agil con Rails", fecha:
"2008-03-01 00:00:00", descripcion: "Conferencia sobre
desarrollo agil de...", categoría_id: 1, created_at: "2008-02-09
11:17:07", updated_at: "2008-02-09 11:17:07"> >>*

El PRIMER LISTADO DE LA DATOS DE LA BASE

Ahora que ya sabemos configurar la aplicación y tenemos la
base de datos y las tablas creadas con algunos datos dados de alta,
vamos a aprender a listar los datos de la base en páginas para el
usuario. Para eso, vamos a alterar la acción del index de nuestro
controller Home (hasta el momento, esa acción sólo responde
"Hola Mundo"). Ahora, utilizaremos el método *find* para localizar
la información en la base de datos. El método find localiza un
registro, o un conjunto de registros, basado en los argumentos que
le son suministrados. En el ejemplo de abajo, el método find del
model Evento localizará sólo el registro cuyo ID es 2 en la tabla
eventos:

class EventosController < ApplicationController
def index Evento.find(2) end
end

Si quisieramos listar todos los registros de una tabla, el
argumento *all* debe ser suministrado. Como deseamos listar todos
los registros de nuestra base, la acción listado de nuestro controller
se establece así:

class EventosController < ApplicationController
def index
@eventos = Evento.find(:all)
end
end

Consejo de Ruby - Variables

La creación de variables es extremadamente simple en el lenguaje Ruby, basta con utilizar el operador "=", como en el ejemplo:

valor = 10

Alcance de las variabales en Ruby

Otro aspecto interesante del lenguaje Ruby es que el alcance de las variables puede ser determinado simplemente añadiendo un caracter especial delante del nombre. El caracter $ hace que la variable sea pública, y el caracter @ crea una variable de instancia - una variable que puede ser posteriormente referenciada fuera del controller (en la view, por ejemplo).

En el ejemplo de código de arriba cogemos todos los eventos y los almacenamos en la variable de instancia *@eventos*, que utilizaremos posteriormente en la view.

Necesitamos ahora crear la View que será mostrada al usuario. Localice el archivo de view que habiamos creado anteriormente en la carpeta app/views/eventos/ index.html.erb

En este documento, crearemos una estructura de loop del tipo *for...in* que permitirá repetir la misma porción de códigos para cada uno de los registros encontrados en la base de datos.

<h1>Listado de Eventos</h1>
<% for evento in @eventos %>
<% end %>

Ruby trabaja con diversos tipos de bubles, siendo el más común de ellos for.
Este puede ser referenciado a un intervalo númerico simple o a una variable conteniendo múltiples datos.

A continuación se muestra como hacerlo:

```
for i in 0..5

...

end


for i in @variavel

...

end
```

Dentro del área del loop insertamos el código para exhibir el título de los eventos.

El código completo queda así:

```
<h1>Listado de Eventos</h1>
 <% for evento in @eventos %>
<h2><%= evento.titulo %></h2>
<% end %>
```

Con el server iniciado y tecleando la dirección localhost:3000/eventos/listado tenemos el siguiente resultado:

Nuestro próximo paso es hacer del título de cada evento un link para una nueva página donde podamos ver los detalles del evento clicado. Rails hace extremadamente simple el proceso de crear esa página de detalles, siga paso a paso las siguientes instrucciones:

Primero cree una nueva acción para el controller home. Vamos a llamar esta acción de "show".

```
class EventosController < ApplicationController
def index @eventos = Evento.find(:all) end
def show @evento = Evento.find(params[:id]) end
end
```

Así como en la acción index utilizamos el método *find* del model Evento para devolver un registro de la base de datos. En este caso especificamente utilizamos el parametro *params*[:id] que hace que el find devuelva sólo el registro con el id pasado como parametro a través de un link.

En la secuencia, edite el archivo index.html.erb, en él vamos a hacer que el título del evento sea un link utilizando el método *link_to*.Vea el código:

```
<h1>Listado de Eventos</h1>
<% for evento in @eventos %>
<h2><%= link_to evento.titulo, :action=>'show', :id=>evento.id %></h2>
<% end %>
```

El primer parametro del *link_to* corresponde al texto del link. Los otros dos parametros, como está claro en el código, representan la acción en donde será direccionado el llnk y el ld que será enviado junto. El método *link_to* posee otras capacidades entre las cuales está generar confirmaciones en JavaScript y crear forms para envio seguro de links que modifican sus datos, como veremos más adelante.

Finalmente, cree una nueva View llamada show.html.erb Esta view sigue por defecto el mismo funcionamiento que la View que lista todos los eventos, sin embargo no tendrá una estructura de loop (ya que sólo un registro será mostrado):

*<h2><%= @evento.titulo %></h2>
*
<h3>Descripción</h3>
*<p><%= @evento.descripcion %></p>

*
<h4>Fecha del evento: <%= @evento.data %></h4>

Vea nuestra página de listado de eventos con los titulos transformados en links:

Clicando en uno de los links, la página de detalles es mostrada:

Un último detalle: si queremos modificar la forma en como la fecha es exhibida, podemos utilizar el método *strftime*:

```
<h2><%= @evento.titulo %></h2> <br />
<h3>Descripción</h3>
<p><%= @evento.descripcion %></p> <br /><br />
 <h4>Fecha del evento: <%=
@evento.fecha.strftime("%d/%m/%Y") %></ h4>
```

Más adelante en este libro aprenderá también como insertar nuevos registros, editar y borrar registros existentes.

REST

Hasta ahora hicimos dos controllers diferentes que muestran dos views para los usuarios: index y show.

De manera general, visitamos los controllers y las views en el navegador con la siguiente regla para la URL:

localhost:3000/nombre_de_controller/nombre_de_acción/id

Por ejemplo, para acceder al controller index, que exhibe la lista de eventos, usamos la siguiente dirección:

localhost:3000/eventos

Como el controller index es utilizado automáticamente si otra acción no se especifica, no necesitamos incluir su nombre

La URL de abajo apunta a nuestra segunda acción, que muestra los datos específicos de un único evento:

localhost:3000/eventos/show/2

Además de especificar el nombre del controller (home) y el nombre de la acción (show), se indica un parametro al final de la URL. En el ejemplo de arriba el parametro "2" es el que está siendo enviado.

Existe sin embargo una manera mejor, más organizada y sencilla de estructurar nuestra aplicación, sus controllers y views, conocida como *REST*.

QUE ES REST

El concepto principal de REST consiste en utilizar los métodos HTTP en lugar del nombre de las acciones para rutear la acción correcta dentro del controller. Es decir, en vez de declarar explícitamente en la URL el nombre de la acción (como "listado" o "detalles"), el propio Rails determina la acción correcta dependiendo del método de envío HTTP.

Cualquier desarrollador que ya trabajo con formularios conoce los métodos http GET y POST. El primero envía datos para el servidor en la propia URL (algo cómo "?nombre=valor&nombre2=valor2") y el segundo envía datos a través del encabezamiento HTTP. Lo que tal vez no sepa es que todas las veces que carga una página (excepto a través del envío de un formulario con POST) usted está haciendo una solicitud GET.

Existen otros dos métodos poco conocidos: PUT y DELETE. El método DELETE es bastante obvio -él instruye el servidor para excluir algo. El método PUT es un poco más complicado -funciona de modo parecido al POST en lo que concierne a enviar datos en el encabezamiento HTTP, pero fue hecho para modificar algo.

Como debe haber percibido, el método GET tiene mucho que ver con la lectura de datos, POST está relacionado con la creación de un nuevo registro, PUT es lo que lo actualiza y DELETE hace la exclusión de un registro.

Es exactamente como funciona REST en Rails: dependiendo del método http, Rails encamina automáticamente a la acción correspondiente dentro del controller: Solicitudes con el método GET son encaminadas a las acciones "index" y "show", POST encamina automáticamente a la acción "create", el método PUT encamina a la acción "update"y el DELETE encamina a "destroy".

MAP.RESOURCES

Para crear una aplicación RESTfull (nombre que se da a una aplicación que utiliza los conceptos de REST), Rails dispone de un recurso de ruteamiento llamado *routes*. El sistema de ruteamiento en Rails es el sistema que examina la URL tecleada y determina la acción que debe ser ejecutada.

Cuando configuramos en el archivo *config/routes.rb* el *map.resources* crea nuevas rutas y helpers configurados para trabajar con siete acciones con nombres estandarizados dentro de su controller: index, show, create, new, update, edit y destroy.

Para configurar nuestra aplicación de eventos, abra el archivo config/routes.rb. Excluyendo todos los comentarios, el archivo debe estar así en este momento:

ActionController::Routing::Routes.draw del |map|

map.connect ':controller/:action/:id' map.connect ':controller/:action/:id.:format'

end

Como queremos que nuestro controller "eventos" sea RESTfull, añadimos el *map.resources* a eventos. El archivo quedará así

ActionController::Routing::Routes.draw del |map|
map.resources :eventos
map.connect ':controller/:action/:id'
map.connect ':controller/:action/:id.:format'
end

Como indicamos anteriormente, una aplicación RESTfull en Rails usa siete nombres estandarizados de acciones en los controllers. Estas siete acciones son responsables de las acciones más comunes que necesitan ser realizadas en una base de datos, pero está claro que nuevas acciones personalizadas pueden ser insertadas según las necesidades. Los dos primeros nombres estandarizados que nosotros ya empleamos en nuestra aplicación son "index" y "show"

Si prueba nuevamente nuestra aplicación en la URL localhost:3000/eventos, verá el listado de eventos ejecutado por la acción index:

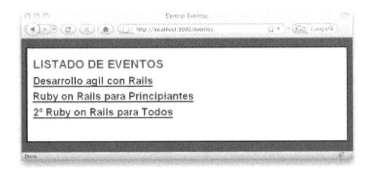

Al principio nada cambió en nuestra aplicación (excepto por el hecho de que dimos de alta nuevos eventos).

La diferencia acontece cuando se clica en uno de los links: sólo por pasar un parametro (el número en el final de la URL) sin mencionar ningún nombre de acción, usted verá los detalles de este registro suministrados por la acción *show*.

Eso sucede porque cuando el parametro es enviado por la URL, el método HTTP en cuestión es el GET. En una aplicación *RESTfull* los parametros enviados con el método GET son automáticamente mapeados para la acción *show*.

A pesar de que el link continua funcionando, en una aplicación RESTfull la creación del link entre una página index y show puede ser facilitado: en vez de configurar nuevamente action e id, utilizaremos el atajo que el map.resources creó: evento_path(id). Este atajo apunta automáticamente a la dirección localhost: 3000/evento/id.

El nuevo código completo de la view index.html.erb queda de esta manera:

<%= link_to evento.titulo, evento_path(evento) %>

Note que dentro de los parentesis, en vez de colocar el número del id, colocamos la variable evento entera. La función evento_path localizará automáticamente el id y el link volverá a funcionar.

Relaciones entre models

Si observáramos nuevamente los models que generamos para nuestra aplicación, veremos que a pesar de que ellos no contienen prácticamente ningún código nos posibilitan la interacción con los datos de nuestra base de forma muy fácil. Si añadiéramos algunas instrucciones más en nuestros models podriamos expandir su funcionalidad para hacer aún más práctica la manipulación de los datos de la base. Un ejemplo son las instrucciones que establecen las relaciones entre models (y, consecuentemente entre tablas) *has_many* y *belongs_to*.

has_many

• Establece una relación de uno-para-muchos entre models. Por ejemplo, para cada categoría que hemos dado de alta, tenemos muchos eventos correspondientes.

belongs_to

• Establece una relación de muchos-para-uno, de modo inverso al has_many. En nuestro caso, cada uno de los eventos pertenece a una categoría.

Para relacionar nuestros models, abra primero el archivo de model de las categorías (models/categoría.rb) y añada la instrucción has_many al model de eventos:

class Categoría < ActiveRecord::Base
has_many :eventos

end

Haga lo mismo con el model Evento (models/evento.rb), que debe pertenecer a una categoría.

```
class Evento < ActiveRecord::Base
belongs_to :categoría
end
```

Parece poco, pero nuestras tablas están relacionadas ahora, sin necesidad de teclear ninguna cláusula SQL ni nada más complejo.

Consejo de Ruby - Símbolos

Al principio el concepto de Símbolos puede parecer extraño y confuso pues se trata de algo específico de Ruby que no va encontrar en la mayoría de los lenguajes de programación.

Símbolos son textos iniciados con la señal de dos puntos ":" - Estos están presentes por todo el framework Rails (como en los ejemplos de relaciones entre models que hicimos arriba en donde usamos los símbolos :eventos y :categoría)

Piense en símbolos como "Strings Ligeros": Como todo en lenguaje Ruby es un objeto, cada vez que usted crea un string, un nuevo objeto es instanciado en la memoria. Los símbolos representan nombres pero no son tan pesados como los strings.

Para probar lo que podemos hacer con la relación que acabamos de establecer, abra nuevamente el archivo view del listado (views/eventos/ index.html.erb) y añada el siguiente código:

```
<h1>Listado de Eventos</h1> <% for evento in @eventos %>
<h2>
<%= evento.categoría.nombre_categoría %> -
<%= link_to evento.titulo, evento_path(evento) %> </h2>
<% end %>
```

Automáticamente consigue rescatar el nombre de la categoría indicada para cada evento por el campo categoría_id.

Inserción, edición y eliminación de registros

Hasta ahora contruímos las páginas que muestran los eventos dados de alta en nuestro sistema, pero no creamos un modo para manipular tales datos. A través de Ruby on Rails es fácil crear un sistema CRUD (Create, Read, Update, Delete) completo.

Para hacer la inserción de los datos, vamos a comenzar creando una nueva acción llamada "*new*" en el controller eventos. Esa acción tendrá una programación muy simple que crea una nueva instancia del model "Evento". Además de eso, su propósito será exhibir el archivo de visualización new.html.erb que contendrá un formulario para dar de alta.

Nuestro controller, por lo tanto, quedará así:

```
class EventosController < ApplicationController
def index @eventos = Evento.find(:all) end
def show @evento = Evento.find(params[:id]) end
def new @evento = Evento.new end
end
```

Cree ahora un nuevo archivo llamado new.html.erb en la carpeta views/ eventos. Vamos a añadir un formulario de inserción de datos en este documento a través del helper form_for

HELPERS PARA FORMULARIOS (FORM_FOR)

Uno de los recursos que más facilitan el trabajo en Rails son los Helpers. Como el propio nombre ya dice, los helpers ayudan en la monotona tarea de crear elementos html como formularios, por ejemplo.

El helper "form_for" permite crear un formulario completo vinculado a una instancia de algún modelo. En nuestro ejemplo, crearemos un formulario vinculado a la instancia @evento de nuestro model "Evento". El código quedará así:

<h1>Dé de alta nuevo evento</h1>
<% form_for (@evento) do |f| %>
<% end %>

Esos comandos sólo crean un formulario, sin ningún campo para ser cubierto por los usuarios. A través de los métodos text_field, text_area, check_box, radio_buttom, password_field, select, datetime_select, submit y otros, podemos colocar los campos para que el usuario los rellene:

<h1>Dé de alta nuevo Evento</h1>
<% form_for(@evento) do |f| %>
<h4>Titulo</h4>
<%= f.text_field :titulo %>
<h4>Descripción</h4>
<%= f.text_area :descripcion %>
<h4>Categoría</h4>
<%= f.select :categoría_id, Categoría.find(:all).collect { | item| [item.nombre_categoría,item.id] } %>
<h4>Data</h4> <%= f.date_select(:fecha, :order => [:day, :month, :year]) %>
*
*

```
<%= f.submit "Dar de alta" %>
<% end %>
```

Observe que utilizamos el método del formulario seguido de un símbolo (el nombre iniciando con dos puntos), que corresponde al nombre utilizado en la base de datos.

Las excepciones son los campos del tipo select – f.select y f.date_select. En el primer caso, además de especificar el nombre del campo, hacemos una referencia de todos los registros del model Categoría y utilizamos el collect para establecer que datos serán utilizados como label (valor exhibido al usuario) y value (valor enviado al servidor) de este menú.

En el caso del date_select, además del nombre especificamos también el orden en que los menús drop-down deben aparecer. Sin esta opción, los menús serían exhibidos en el formato americano, con el año primero.

Nuestro formulario está listo pero no existe ningún link que lleve hasta él. Vamos a añadir tal link en la página de listado. Hasta el momento el archivo index.html.erb esta así:

```
<h1>Listado de Eventos</h1>
<% for evento in @eventos %>
<h2>
<%= evento.categoría.nombre_categoría %> -
<%= link_to evento.titulo, evento_path(evento) %>
</h2> <% end %>
```

Vamos a añadir un link en la última línea utilizando el atajo new_post_path que fue generado por el route.

```
<h1>Listado de Eventos</h1> <% for evento in @eventos %>
<h2>
<%= evento.categoría.nombre_categoría %> -
<%= link_to evento.titulo, evento_path(evento) %>
</h2> <% end %>
```

*
 <p><%= link_to 'Dé de alta nuevo evento',
new_evento_path %></p>*

Si prueba ahora y hace click en el link para dar de alta un nuevo
evento verá el formulario listo:

INSERCIÓN DE DATOS

Al clicar en el botón de Registrar, el formulario envía la
información al controller "eventos" a través del método POST.
Como nuestra aplicación está siendo construida con REST, Rails
automáticamente mapea este envío de datos por POST para una
acción "create".

La acción create debe contener una instrucción Evento.new que
recibe los parametros procedentes del formulario. En la secuencia,
él verifica si los datos fueron registrados en la base y, en caso
positivo, abre la página que muestra los datos del evento recién
creado.

*class EventosController < ApplicationController def index
@eventos = Evento.find(:all) end*

```
def show @evento = Evento.find(params[:id]) end
def new @evento = Evento.new end
def creaty @evento    Evento.new(params[.evento]) if
@evento.savy
flash[:aviso] = 'Evento dado de alta con éxito.'
redirect_to(@evento) end end
end
```

Note que añadimos la línea flash[:aviso] = 'Evento dado de alta con éxito'. El flash almacena temporalmente una información. Por "temporalmente" entienda: hasta que la página sea redireccionada, tras esto la información se pierde. Flash es usado para transmitir pequeños mensajes de status entre acciones y views.

Para mostrar los datos del flash, abra el archivo de layout application.html.erb y añada los siguientes códigos:

```
<html>
<head>
<title>Céntrico Eventos</title>
<%= stylesheet_link_tag "default" %> </head>
<body> <div id="principal">
<% unless flash[:aviso].blank? %> <div id="aviso"><%=
flash[:aviso] %></div> <% end %>
<%= yield %> </div> </body> </html>
```

Consejo de Ruby - Estructuras condicionales

El lenguaje Ruby trabaja con diversos tipos de estructuras condicionales - bloques de código que sólo son ejecutados dependiendo de ciertas condiciones. La estructura *if...end* es un ejemplo de eso. En la acción Create, utilizamos esta estructura para comprobar si los datos fueron guardados, y solamente en caso positivo la página es redireccionada.

La estructura *unless...end* funciona más o menos como un if al contrario, es decir, el bloque de códigos siempre será ejecutado, a menos que la condición estipulada sea verdadera. En el archivo de layout, la estructura unless hace que el div "aviso" sea creado siempre, a menos que el flash no contenga ninguna información.

Vamos a añadir también algunas instrucciones CSS para configurar el aspecto de este div "aviso". Añada en el archivo public/stylesheets/default.css el siguiente:

#aviso{ font-family:Arial, Helvetica, sans-serif; font-size:13px; font-weight:bold; color:#000000; border: 5px solid #990000; background-color: #ff9999; padding: 5px; margin: 10px 0;
}

Si intenta insertar un nuevo evento verá el mensaje del flash en la parte superior de la página:

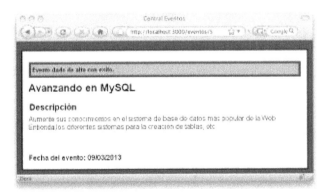

INSERCCIÓN DE DATOS

En la inserción de nuevos registros necesitaremos crear dos acciones en el controller eventos para hacer la actualización de datos. La primera acción sólo muestra el formulario y la segunda lo procesa haciendo las modificaciones indicadas en la base. Vamos a comenzar creando la acción *Edit* en el controller. Al contrario que la acción *new* que instanciaba un nuevo objeto vacío del Model

Evento, necesitaremos localizar el registro específico que el usuario desea cambiar. Lo hacemos de la misma forma que la acción *show*:

```
class EventosController < ApplicationController def index
@eventos = Evento.find(:all) end def show
@evento = Evento.find(params[:id]) end
def new @evento = Evento.new end
def creaty @evento = Evento.new(params[:evento]) if
@evento.savy
flash[:aviso] = 'Evento dado de alta con éxito.'
redirect_to(@evento) end end
def edit @evento = Evento.find(params[:id]) end
end
```

Cree también un nuevo archivo view llamado "edit.html.erb". Este contendrá un formulario creado a través del helper form_for idéntico al formulario creado para la view new.html.erb:

```
<h1>Editar Evento</h1>
<% form_for(@evento) do |f| %>
<h4>Titulo</h4>
<%= f.text_field :titulo %>
<h4>Descripción</h4> <%= f.text_area :descripcion %>
<h4>Categoría</h4>
<%= f.select :categoría_id, Categoría.find(:all).collect{ |item|
[item.nombre_categoría, item.id] } %>
<h4>Data</h4>
<%= f.date_select(:fecha, :order => [:day, :month, :year]) %>
<br />
<%= f.submit "Editar" %>
<% end %>
```

Si queremos que el usuario pueda editar los eventos, necesitamos colocar un link a su disposición para este propósito. Por tanto, abra el archivo de view views/eventos/ show.html.erb y añada el link a través del *link_to*:

```
<h2><%= @evento.titulo %></h2> <h3>Descripción</h3>
<p><%= @evento.descripcion %></p> <h4>Fecha del evento:
<%= @evento.fecha.strftime("%d/%m/%Y") %></ h4>
<p><%= link_editar', edit_evento_path %></p>
```

Pruebe escogiendo uno de los eventos dados de alta y, en la
secuencia, clicando en editar.

El resultado será:

El código fuente del formulario incluye el siguiente texto:

```
<form action="/eventos/1" class="edit_evento"
id="edit_evento_1" method="post"> <input name="_method"
type="hidden" value="put" />
```

El formulario está utilizando el método POST, sin embargo vea
que inmediatamente en la secuencia Rails creó un campo invisible
("*hidden*") donde pasa la información de método PUT. Él hizo eso
para esquivar una limitación de los navegadores tradicionales que
no soportan el método HTTP PUT. Como ya habíamos visto en la
sección REST de este libro, sabemos que el método PUT está
relacionado con la edición de datos, y automáticamente Rails

encamina datos enviados por PUT a la acción *update*. Vamos por lo tanto a crear esta acción:

```
class EventosController < ApplicationController def index
@eventos = Evento.find(:all) end
def show @evento = Evento.find(params[:id]) end
def new @evento = Evento.new end
def create
@evento = Evento.new(params[:evento])
if @evento.save
flash[:aviso] = 'Evento dado de alta con éxito.'
redirect_to(@evento)
end
end
def edit @evento = Evento.find(params[:id]) end
def updaty @evento = Evento.find(params[:id]) if
@evento.update_attributes(params[:evento])
flash[:aviso] = 'Evento atualizado.' redirect_to(@evento) end end
end
```

La acción update primero localiza el evento en cuestión a través del id que fue enviado por el formulario. En la secuencia hace la actualización y, si la actualización fue ejecutada con éxito, crea un flash y redirecciona a la acción *show* para exhibir el elemento recién editado.

Si usted intenta editar algún elemento, verá algo cómo:

ELIMINACIÓN DE DATOS

Para la eliminación de datos, necesitaremos de una única acción en el controller llamada "*destroy*", además de un link en la página de exhibición. Vamos a comenzar por el link, añadiendo un nuevo link_to en el archivo views/eventos/show.html.erb

<h2><%= @evento.titulo %></h2> <h3>Descripción</h3> <p><%= @evento.descripcion %></p> <h4>Fecha del evento: <%= @evento.fecha.strftime("%d/%m/%Y") %></ h4> <p><%= link_editar', edit_evento_path %></p>

<p><%= link_excluir', evento_path, :confirm => 'Confirmada la exclusión', :method => :delete %></p>

Así como en el link anterior, llenamos nuestro nuevo link_to con dos parametros iniciales que representan el texto y la url del link. En esta si existen otros dos parametros en la secuencia, el primero (:confirm) muestra un mensaje de confirmación antes de enviar el link, y el segundo estipula que el método HTTP deberá ser DELETE en vez del GET que sería por defecto. Como venimos viendo en nuestro estudio sobre REST, el método HTTP DELETE está relacionado con la exclusión de datos y es mapeado automáticamente a la acción "*destroy*".

Vamos a abrir nuevamente nuestro controller "eventos" para crear nuestra acción "destroy" que eliminará el elemento de la base:

```
class EventosController < ApplicationController def index
@eventos = Evento.find(:all) end def show
@evento = Evento.find(params[:id]) end def new
@evento = Evento.new end def creaty
@evento = Evento.new(params[:evento])
if @evento.savy flash[:aviso] = 'Evento dado de alta con éxito.'
redirect_to(@evento)
end end def edit
@evento = Evento.find(params[:id]) end def updaty
@evento = Evento.find(params[:id])
if @evento.update_attributes(params[:evento]) flash[:aviso] =
'Evento actualizado.' redirect_to(@evento)
end end
def destroy @evento = Evento.find(params[:id]) @evento.destroy
flash[:aviso] = "Evento excluido con éxito"
redirect_to(eventos_path)
end
end
```

En primer lugar, la acción *destroy* localiza el elemento a ser excluído a través del parametro que fue enviado por el link. En la secuencia efectivamente excluye el registro a través del método @evento.destroy y, finalmente, crea un nuevo mensaje temporal y redirecciona al listado de eventos.

Al intentar eliminar algún evento va a disparar un mensaje de alerta como este.

Después de confirmar, el usuario es redireccionado a la página de listado con el mensaje temporal de "Evento excluido con éxito":

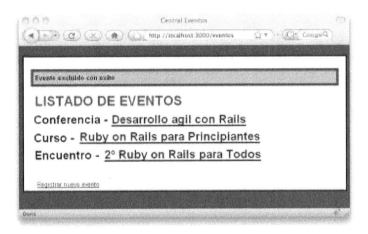

VALIDACIONES

Las validaciones son un modo de garantizar la integridad de los datos en una aplicación. El modelo de validaciones que Rails suministra es bastante completo y puede ser fácilmente expandido por el desarrollador si este lo necesita.

En el caso de nuestra clase de datos inicial, necesitamos validar por lo menos el hecho de que el usuario debe haber cumplimentado el título del evento al darlo de alta. Para eso, vamos a abrir el archivo del model, que está en model/evento.rb, y editarlo, insertando una validación simple:

class Evento < ActiveRecord::Base belongs_to :categoría
validates_presence_of :titulo
end

Si usted intenta insertar ahora un nuevo evento sin título, verá un mensaje de error.

Para entender porque sucede esto, vamos a mirar nuevamente la acción create de nuestro controller eventos:

def creaty @evento = Evento.new(params[:evento])

```
if @evento.save flash[:aviso] = 'Evento dado de alta con éxito.'
redirect_to(@evento)
end end
```

Observe que al no pasar el criterio de validación debido a la falta de un título, el @evento.save no es ejecutado. Como consecuencia, la página no es redireccionada para exhibir el evento.

Vamos a solucionar este problema añadiendo un else en esta estructura:

```
def create
@evento = Evento.new(params[:evento])
if @evento.save
flash[:aviso] = 'Evento dado de alta con éxito.'
redirect_to(@evento)
else flash[:aviso] = 'El formulario contiene errores. Compruebe
los campos introducidos y envíe de nuevo.' rendir :action =>
"new"
end end
```

Este else será ejecutado si el nuevo evento no puede ser guardado. Él determina que en este caso sea creada una información temporal de tipo flash y redirecciona de vuelta a la acción "new" (nuestro formulario de dar altas).

Al intentar dar de alta nuevamente un evento sin título la página retornada queda de esta forma:

Además del mensaje temporal, no parece que nada cambió. Pero hubo cambios que puede observar en este tramo de código fuente que fue generado:

<form action="/eventos" class="new_evento" id="new_evento" method="post"> <h4>Titulo</h4>
<div class="fieldWithErrors">
<input id="evento_titulo" name="evento[titulo]" size="30" type="text" value="" />
</div>
<h4>Descripción</h4> <textarea cols="40" id="evento_descricao" name="evento[descripcion]" rows="20">
Intentando dar de alta un evento sin título </textarea>

Note que Rails colocó automáticamente un nuevo div con la class "fieldWithErrors" alrededor del campo que falló en la validación.

Para dar un retorno mejor para el usuario, basta añadir esta clase en nuestro archivo de estilo public/stylesheets/default.css, conforme el ejemplo:

.fieldWithErrors{ background-color:#ff0000; padding:3px; display:table;

}

Ahora, además del mensaje temporal de error, el usuario sabe claramente que campo falló en la validación:

Si usted quiere, podría aún incluir un comando <%= error_messages_for :evento %> al comienzo de la view new.html.erb para que la lista de errores en el formulario sea detallada por escrito en la página. Para nuestro ejemplo no necesitaremos detallar los errores, el mensaje temporal de error y el feedback con el borde coloreado ya son suficientes para alertar al usuario.

Múltiples validaciones pueden ser efectuadas en un mismo campo. Por ejemplo, para prevenir la inserción de títulos duplicados, la siguiente condición podría ser colocada:

class Evento < ActiveRecord::Base belongs_to :categoría
validates_presence_of :titulo
validates_uniqueness_of :titulo
end
Scaffolding

Hasta ahora, creamos las principales operaciones - Conseguimos listar, crear, editar y excluir información de eventos. A pesar de ser interesante hacer toda esta programación por primera vez, este proceso se repite para cada nuevo model de cada nueva aplicación que usted cree en Rails. Volver a crear las operaciones básicas de nuevo y de nuevo puede ser muy tedioso, y es exactamente por este motivo que existe el recurso de *scaffolding*.

El scaffolding crea un esqueleto con toda una estructura básica para operaciones CRUD (Create, Retrieve, Update and Delete), que usted puede posteriormente incrementar y modificar conforme sus necesidades. O sea, todas las acciones y views que programamos manualmente para los eventos serán creadas automáticamente. La sintaxis para la creación de un Scaffold es:

script/generate scaffold nombre_del_modelo_de_datos campos_de la_tabla

En la nueva versión de Rails, el propio Scaffold crea el model, el archivo de migración, el controller y las views automáticamente. Para crear el scaffold para las categorías, utilizaríamos el comando:

script/generate scaffold categoría nombre_categoría:string

Sin embargo, como nosotros ya habíamos creado el modelo y el archivo de migración de las categorías anteriormente, a fin de aprender a hacerlo, necesitamos indicarle a Rails que cree sólo el controller y las views del scaffold -sin volver a crear el archivo de migrations. Eso puede ser realizado añadiendo la opción --skip-migration:

script/generate scaffold categoría nombre_categoría:string -skip-migration
exists app/models/
exists app/controllers/ exists app/helpers/ create app/views/categorías
exists app/views/layouts/
exists test/functional/ exists test/unit/ exists public/stylesheets/ create app/views/categorías/index.html.erb
create app/views/categorías/show.html.erb create app/views/categorías/new.html.erb create app/views/categorías/edit.html.erb
create app/views/layouts/categorías.html.erb

create public/stylesheets/scaffold.css create
app/controllers/categorías_controller.rb create
test/functional/categorías_controller_test.rb
create app/helpers/categorías_helper.rb route map.resources :
categorías dependency model
exists app/models/ exists test/unit/ exists test/fixtures/
identical app/models/categoría.rb identical
test/unit/categoría_test.rb skip test/fixtures/categorías.yml

Note que, para la generación de un *scaffold* por ese comando, el nombre del modelo de datos debe ser pasado como parametro, y no el nombre del controller. Rails es capaz de derivar uno del otro. Además de eso, es necesario pasar también como parametro los campos de la base de datos separados sólo por espacios. En nuestro caso, sólo el nombre_categoría, del tipo string.

Ese comando genera la clase del modelo de datos, el controller y views para cada acción CRUD necesaria. En el caso de arriba, como el model ya existía, este no fue creado, y fue necesario sobrescribir algunos archivos.

El scaffold generó su propio layout, con su propia stylesheet. A causa de eso, el layout original de la aplicación se pierde. Una solución a esto es eliminar el archivo app/views/layouts/categorías.html.erb, ya que no lo necesitamos, y añadir la stylesheet scaffold.css al archivo application.html.erb.

ENTENDER LOS ARCHIVOS GENERADOS POR LOS SCAFFOLD: El CONTROLLER CATEGORIAS

Como podrá observar, el controller generado por el scaffold es muy parecido al controller de eventos que creamos manualmente, a excepción de algunos comentarios que él inserta automáticamente para cada acción y del respond_to, que permite devolver al usuario documentos en formatos diversos además del html.

```
class CategoriasController < ApplicationController # GET
/categorías # GET /categorías.xml def index
@categorías = Categoría.find(:all)
respond_to del |format| format.html # index.html.erb format.xml {
rendir :xml => @categorías }
end end
# GET /categorías/1 # GET /categorías/1.xml def show
@categoría = Categoría.find(params[:id])
respond_to del |format| format.html # show.html.erb format.xml {
rendir :xml => @categoría }
end end
# GET /categorías/new # GET /categorías/new.xml def new
@categoría = Categoría.new
respond_to del |format| format.html # new.html.erb format.xml {
rendir :xml => @categoría }
end end
# GET /categorías/1/edit def edit @categoría =
Categoría.find(params[:id]) End
# POST /categorías # POST /categorías.xml def creaty
@categoría = Categoría.new(params[:categoría]) respond_to del
|format|
if @categoría.save flash[:notice] = ' La categoría se ha creado
con éxito.' format.html { redirect_te lo(@categoría) } format.xml {
rendir :xml => @categoría, :status
=> :created, :location => @categoría }
else format.html { rendir :action => "new" } format.xml { rendir
:xml => @categoría.errors, :status
=> :unprocessable_entity } end end end
# PUT /categorías/1 # PUT /categorías/1.xml def updaty
@categoría = Categoría.find(params[:id]) respond_te lo del
|format|
if @categoría.update_attributes(params[:categoría])
flash[:notice] = 'La categoría se ha actualizado con éxito.'
format.html { redirect_to(@categoría) } format.xml { head :ok }
else format.html { rendir :action => "edit" } format.xml { rendir
:xml => @categoría.errors, :status
=> :unprocessable_entity } end end end
# DELETE /categorías/1 # DELETE /categorías/1.xml def destroy
```

@categoría = Categoría.find(params[:id]) @categoría.destroy
respond_to del |format|
format.html { redirect_to(categorías_url) } format.xml { head :ok }
end end
end

Como es posible observar, las acciones de este controller fueron creadas en un modelo RESTfull. El Scaffold hasta generó un ruteamiento para las categorías en el archivo config/ routes.rb

ENTENDER LOS ARCHIVOS GENERADOS POR LOS SCAFFOLD: LAS VIEWS

Vamos a acompañar cada una de las acciones y sus respectivas views generadas automáticamente por el scaffold.

Index

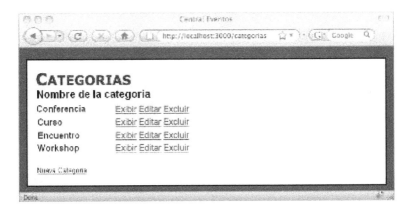

<h1>Listing categorías</h1> <table> <tr> <th>Nombre
cat</th> </tr> <% for categoría in @categorías %>
<tr> <td><%=h categoría.nombre_categoría %></td>
<td><%= link_to 'Show', categoría %></td> <td><%= link_to
'Edit', edit_categoría_path(categoría) %></
td> <td><%= link_to 'Destroy', categoría, :confirm => '¿Está
seguro?', :method => :delete %></td>
</tr> <% end %> </table> <%= link_to 'New categoría',
new_categoría_path %>

Show

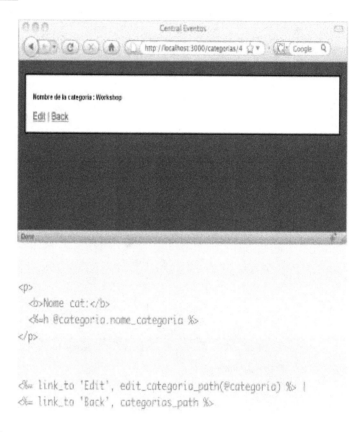

```
<p>
  <b>Nome cat:</b>
  <%=h @categoria.nome_categoria %>
</p>


<%= link_to 'Edit', edit_categoria_path(@categoria) %> |
<%= link_to 'Back', categorias_path %>
```

Edit

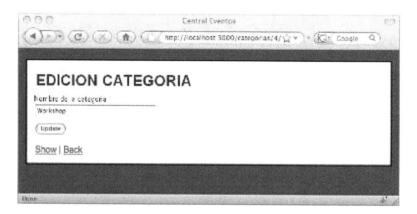

<h1>Editing categoría</h1>
<%= error_messages_for :categoría %>
<% form_for(@categoría) do |f| %>
<p
*> <b>Nombre cat</b>
 <%= f.text_field*
:nombre_categoría %>
</p>
<p
> <%= f.submit "Update" %>
</p> <% end %>
<%= link_to 'Show', @categoría %> | <%= link_to 'Back',
categorías_path %>

Después del envío, los datos del formulario son procesados por la acción "update"

New

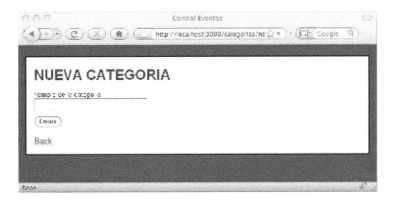

<h1>Editar categoría</h1>
<%= error_messages_for :categoría %>
<% form_for(@categoría) do |f| %>
*<p> <b>Nombre cat</b>
*
 <%= f.text_field :nombre_categoría %>
</p>
<p
> <%= f.submit "Update" %>
</p> <% end %>

<%= link_to 'Show', @categoría %> | <%= link_to 'Back',
categorías_path %>

Después de ser enviado el formulario, sus datos serán procesados por la acción "create", claro que el scaffold hace sólo una base, un esqueleto para su aplicación que debe editar y refinar de acuerdo a sus necesidades. Nosotros podríamos por ejemplo traducir todos los textos como "new" y "show" al español. Con algunas alteraciones la página de listado quedaría así:

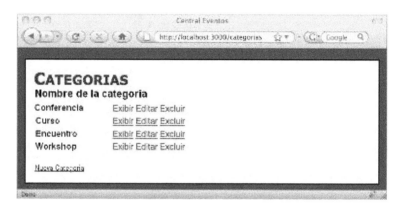

Avanzando en Rails

RUTEAMIENTO POR DEFECTO

Toda nuestra parte de eventos está lista, pero si usted accede a la URL raíz de la aplicación, va a notar que esta no cambió, y continúa presentado la página de bienvenida de rails:

Eso sucede porque Rails define un archivo index.html que muestra por defecto. Si elimináramos ese archivo del directorio public, se nos mostraría la siguiente página:

Ese error se produce porque Rails no consigue encontrar un ruteamiento que satisfaga la URL que especificamos.

¿Qué es el ruteamiento?

Para identificar que controller será responsable de atender a una determinada solicitud de la aplicación, Rails utiliza una mecanismo de ruteamiento de peticiones automático que no necesita de configuraciones complejas, pero que puede también ser personalizado de acuerdo con las necesidades de cada aplicación. Usted debe recordar que en el capítulo sobre REST añadimos un ruteamiento de más en el archivo config/routes.rb, que deberá tener un código semejante a este (excluyéndose los comentarios):

ActionController::Routing::Routes.draw del |map|
map.resources :eventos map.connect ':controller/:action/:id'
map.connect ':controller/:action/:id.:format'
end

Para mapear el controller "eventos" como nuestra página inicial, basta añadir una línea como la siguiente:

map.root :controller => "eventos"

Estamos diciendo, que con el código de arriba que si la ruta raíz es errónea, la petición debe ser servida por el controller eventos, que habiamos creado anteriormente.

Ahora, recargando nuestra página inicial tenemos:

Note que ahora el mismo controller sirve dos ruteamientos. Esa es sólo una de las posibilidades más sencillas que están disponibles con el ruteamiento de Rails.

URLS AMIGABLES

Para navegar entre las diversas views, muchas veces necesitamos pasar el ID del evento a través de la URL. Si clicáramos en uno de los eventos para ver sus detalles la URL generada se muestra así:

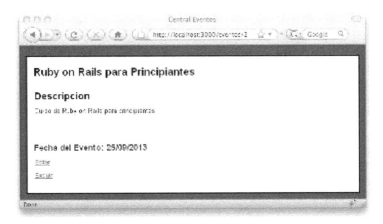

A pesar de funcionar, la URL no dice nada respeto del contenido. Existe una forma de construir URLs más amigables, que son muy útiles no sólo porque son más fáciles de ser usadas y entendidas por los usuarios sino también porque hacen que un sistema de búsqueda como Google entienda mejor de que se trata su web y sus páginas.

Abra el archivo models/evento.rb y añada el siguiente código:

```
class Evento < ActiveRecord::Base belongs_to :categoría
validates_presence_of :titulo
def to_param "#{id}-#{titulo}" end
end
```

Estas nuevas URLs van a funcionar automáticamente, si el inicio de la URL es el Id. Eso sucede porque Ruby va a convertir una URL del tipo '123-ola-mundo' automáticamente en 123. Si usted intenta clicar nuevamente en uno de los links de la página del listado verá los detalles del evento con una URL más amigable:

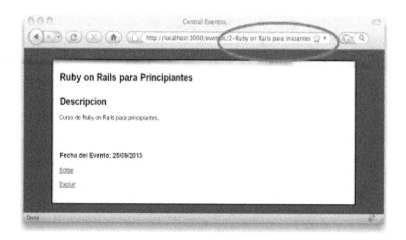

Consejo de Ruby - Concatenando strings y variables

En el método to_paran creamos un string concatenado con variables. En el lenguaje Ruby, es posible concatenar un string con el valor de una variable a través del uso de sustituciones -basta usar la construcción #{}. Así, en el string de abajo:

fruta = "morangos" "Adoro naranjas y #{fruta}"

El string final será "Adoro naranjas y morangos". Ya en el caso del método to_paran, el string final generado será algo cómo "2-Ruby on Rails para iniciantes"

A pesar de que Firefox 3 ha mostrado correctamento la URL (incluyendo incluso los espacios) otros navegadores sustituirán los espacios, puntuación y acentos por caracteres extraños (los espacios, por ejemplo, son mostrados como "%20"). Para retirar estos caracteres extraños de la URL, usamos el método *parameterize* en el título. Ese método retira del texto todo lo que no sea letras o números y lo sustituye por guiones, además de sustituir caracteres acentuados por los caracteres correspondientes sin acentos ("es" para "y","ç" para "c" etc...):

class Evento < ActiveRecord::Base belongs_to :categoría validates_presence_of :titulo *def to_param "#{id}-#{titulo.parameterize}" end*

end

Si probáramos una vez más, clicando en uno de los links de la página principal, tendremos ahora:

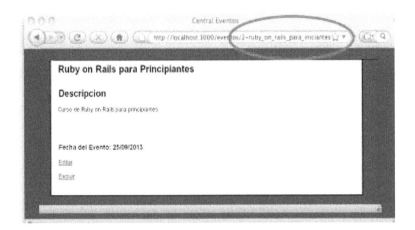

Claro que usted puede hacer URLs aún más amigables suprimiendo completamente el ID y haciendo que Rails localice el registro en la base de datos a través de otro campo. Existe un plugin que facilita mucho el proceso de creación de URLs amigables de este tipo llamado Permalink Fu (http://agilewebdevelopment.con/ plugins/permalink_fu).

REAPROVECHAMIENTO DE CÓDIGO CON PARTIALS

Al inicio de este libro deciamos que uno de los principios de Rails es evitar la repetición innecesaria de códigos. Uno de los recursos que auxilian en este objetivo es el *partial*, que permite el reaprovechamiento de fragmentos de página en diferentes views. Un caso donde un partial podría ser utilizado son los formularios donde damos de alta y editamos eventos. Son dos formularios idénticos, que podrían ser compartidos una única vez a través del uso de partials. Vea los códigos:

```erb
views/eventos/new.html.erb
<h1>Dé de alta nuevo Evento</h1>
<% form_for(@evento) do |f| %>
<h4>Titulo</h4>
<%= f.text_field :titulo %>
<br />
<h4>Descripción</h4>
<%= f.text_area :descripcion %>
<br />
<h4>Categoría</h4>
<%= f.select :categoría_id, Categoría.find(:all).collect { | item|
[item.nombre_categoría,item.id] } %> <br />
<h4>Data</h4>
<%= f.date_select(:fecha, :order => [:day, :month, :year]) %>
<br />
<br />
<%= f.submit "Dar de alta" %>
<% end %>
Views/eventos/edit.html.erb
<h1>Editar Evento</h1>
<% form_for(@evento) do |f| %>
<h4>Titulo</h4>
<%= f.text_field :titulo %>
<h4>Descripción</h4> <%= f.text_area :descripcion %>
<h4>Categoría</h4>
<%= f.select :categoría_id, Categoría.find(:all).collect { |item|
[item.nombre_categoría,item.id] } %>
<h4>Data</h4>
<%= f.date_select(:fecha, :order => [:day, :month, :year]) %>
<br />
<%= f.submit "Editar" %>
<% end %>
```

Vamos por lo tanto a transformar todo el formulario en un partial. Cree un nuevo archivo en la carpeta views/eventos llamado _formulario.html.erb. Por defecto, los *partials* deben ser guardados con un nombre de archivo iniciado en guion bajo (_). Coloque en este nuevo documento todo el código del formulario.

El archivo deberá quedar así:

```
<% form_for(@evento) do |f| %>
<h4>Titulo</h4>
<%= f.text_field :titulo %>
<h4>Descripción</h4> <%= f.text_area :descripcion %>
<h4>Categoría</h4>
<%= f.select :categoría_id, Categoría.find(:all).collect { |item|
[item.nombre_categoría,item.id] } %>
<h4>Data</h4>
<%= f.date_select(:fecha, :order => [:day, :month, :year]) %>
<br />
<%= f.submit "Enviar" %> <% end %>
```

En los archivos views/eventos/new.html.erb y views/eventos/edit.html.erb, elimine todo el formulario y sustituya por una única instrucción que un partial debe ser utilizado:

```
views/eventos/new.html.erb
<h1>Dé de alta nuevo Evento</h1>
<%=rendir :partial => 'formulario'%>
views/eventos/edit.html.erb
<h1>Editar Evento</h1> <%=rendir :partial => 'formulario'%>
```

Note que no es preciso ni la carpeta ni el nombre completo del archivo de partial –Rails lo localiza automáticamente. El resultado final puede ser visto en la próxima página:

New

<u>Edit</u>

Pasando objetos dentro de los partials

En algunos casos, el fragmento de página que usted usa dentro del partial necesita mostrar información adicional, muchas veces procedentes de un Model. Usted puede pasar información de la view a un partial a través del parámetro :locals Para entenderlo mejor, vamos a hacer un nuevo partial con la lista de categorías. Abra el archivo views/categorías/index.html.erb:

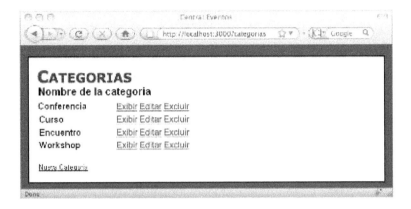

El código de este archivo deberá estar así:

```
<h1>Listado de categorías</h1>
<table id='prueba'> <tr> <th>Categorías</th> </tr>
<% for categoría in @categorías %>
<tr> <td><%=h categoría.nombre_categoría %></td>
<td><%= link_editar',
edit_categoría_path(categoría) %></td> <td> <%=
link_excluir', categoría, :confirm =>
'Confirma exclusión?', :method => :delete %> </td> </tr>
<% end %>
</table>
<br />
<%= link_to 'Nueva categoría', new_categoría_path %>
```

La porción de código es responsable de generar cada una de las líneas de la tabla listando las categorías. Nosotros vamos a extraer todo este código y colocarlo en un nuevo archivo de partial llamado views/categorías/_lista.html.erb.

El nuevo archivo quedará así:

llsta.html.erb

```
<tr> <td><%=h categoría.nombre_categoría %></td>
<td><%= link_editar',
edit_categoría_path(categoría) %></td> <td> <%=
link_excluir', categoría, :confirm =>
'Confirma exclusión?', :method => :delete%> </td> </tr>
```

De vuelta al archivo de view en
views/categorías/index.html.erb, cargamos la nueva partial
pasando un parametro adicional. Además del nombre del archivo
pasaremos el objeto "categoría" que es utilizando dentro del partial
usando el recurso :locals.

```
<h1>Listado de categorías</h1>
<table id='prueba'> <tr> <th>Categorías</th> </tr>
<% for categoría in @categorías %>
<%= rendir :partial =>"lista", :locals =>{:categoría =>
categoría} %>
<% end %>
</table>
<br />
```

Los partials son una de las grandes facilidades de Rails, siendo
utilizados principalmente en aplicaciones Ajax para generar
solamente los fragmentos de código necesarios para
actualizaciones de partes de una página, conforme veremos en el
próximo capítulo.

Actualidad

Una de las grandes tendencias actuales en el desarrollo de
aplicaciones Web es lo que se conoce como Web 2.0, que es un
intento de aproximar las aplicaciones Web de aplicaciones desktop.
De modo práctico, eso significa crear aplicaciones web más
sensibles, que puedan actualizar partes del contenido de la pantalla

dinámicamente sin que una nueva página necesite ser cargada todas las veces que el usuario clica en algún link o botón.

Aplicaciones hechas en el estilo de la llamada Web 2.0 poseen características de integración y usabilidad muy superiores a aplicaciones que venían siendo comunmente desarrolladas y están transformándose en una referencia para lo que debe o no debe ser hecho en internet.

AJAX es el brazo tecnologico de Internet. Es a través de esta tecnología que conseguimos recuperar datos en el servidor sin la necesidad de recargar páginas, o sea, de forma asíncrona.

Uno de los principales motivos de la popularización de Rails en los últimos tiempos ha sido el soporte integrado para desarrollo de aplicaciones con recursos AJAX en el framework, de forma fácil para el programador novato.

MONTANDO LAS PÁGINAS PARA UTILIZAR AJAX

Ruby on Rails utiliza dos bibliotecas de javascript para creación de las interacciones y efectos en AJAX: Prototype y Script.aculo.us. Para hacer uso de AJAX en nuestras páginas, necesitamos instruirlas para cargar estas bibliotecas. Podemos hacer eso insertando javascript_include_tag :defaults en el layout por defecto de nuestras views (views/layouts/ applications.html.erb):

```
<html>
<head> <title>Céntrico Eventos</title> <%= stylesheet_link_tag
"scaffold" %> <%= stylesheet_link_tag "default" %>
<%= javascript_include_tag :defaults %>
</head>
<body> <div id="principal"> <% unless flash[:aviso].blank? %>
<div id="aviso"><%= flash[:aviso] %></div> <% end %>
<%= yield %> </div> </body>
</html>
```

LINK_TO_REMOTE

El link_to_remote funciona de forma semejante al link_to que ya utilizamos en diversos lugares en la aplicación de eventos. Ambos hacen una solicitud al servidor, siendo la única diferencia que en el link_to, el servidor responde con una nueva página a ser cargada, mientras en el caso del link_to_remote, el servidor envía la respuesta de forma asíncrona, sin que una nueva página necesite ser cargada. La diferencia puede parecer sutil, pero el resultado final es bien diferente. Vamos a utilizar el link_to_remote para manipular las categorías. Abra el partial responsable de listar las categorías en la página de categorías (views/categorías/_lista.html.erb):

```
<tr>
<td><%=h categoría.nombre_categoría %></td>
<td><%= link_editar', edit_categoría_path(categoría) %></ td>
<td> <%= link_excluir', categoría, :confirm => 'Confirma
exclusión?', :method => :delete %>
</td>
</tr>
```

Vamos a comenzar alterando el helper link_to de exclusión para link_to_remote. Además de eso vamos a añadir un parametro ID en el tag <tr>, responsable de cada línea de la tabla que lista las categorías. El parametro ID va a permitir que en cada línea haya una identificación única en la tabla – y eso será útil a la hora de que apliquemos efectos especiales para eliminar la línea del item que el usuario excluyó. Para identificarmos cada línea, utilizamos el helper don_id, que genera automáticamente un texto de identificación:

```
<tr id='<%= don_id(categoría) %>'>
<td ><%=h categoría.nombre_categoría %></td>
<td><%= link_editar', edit_categoría_path(categoría) %></td>
<td>
<%= link_to_remote'Excluir', :url=>categoría_path(categoría),
:confirm => 'Confirma exclusión?', :method => :delete
```

```
%>
</td> </tr>
```

Si quiere probar, verá que al clicar el link el item es realmente eliminado de la base de datos, pero él permanece escrito en la página. Para la aplicación de efectos e interacciones más avanzadas, necesitamos trabajar con templates del tipo rjs.

TEMPLATES JS.RJS

Así como templates .html.erb son páginas escritas en Ruby que generan documentos HTML, templates.js.rjs son documentos escritos en Ruby que se transforman en una serie de instrucciones en javascript en el navegador. En nuestro caso, queremos que después de clicar en el link de exclusión y confirmar, el item quedó excluido de la lista a través de un efecto de animación. Para hacer eso, cree un nuevo documento en views/categorías/destroy.js.rjs y escriba el código a continuación:

```
page.visual_effect :fade, don_id(@categoría)
```

Para terminar, abra el controller de categorías (controller/categorías_controller.rb), y localice la acción destroy en el final del archivo. La acción destroy es llamada cuando el usuario clica en el link excluir y, además de efectivamente excluir el registro, responde de modo diferente en caso de que la solicitud haya sido hecha vía html o xml a través del respond_to, como se puede ver abajo:

```
# DELETE /categorías/1
# DELETE /categorías/1.xml
def destroy
@categoría = Categoría.find(params[:id])
@categoría.destroy
respond_to del |format|
format.html { redirect_to(categorías_url) }
format.xml { head :ok }
end
```

end

El respond_to determina lo que hacer cuando la solicitud de exclusión viene a partir de un documento HTML o XML, por ejemplo. Como el link_to_remote es una solicitud hecha vía Javascript, es necesario añadir la posibilidad a la acción destroy de responder también a javascript (utilizando un template js.rjs con el mismo nombre de la acción - destroy.js.rjs).

En realidad, como no haremos solicitudes a la acción destroy de otras formas, mantendremos sólo la respuesta a javascript, y la acción destroy quedará así:

 # DELETE /categorías/1 # DELETE /categorías/1.xml def destroy @categoría = Categoría.find(params[:id]) @categoría.destroy respond_to del |format|
format.js
end end end

REMOTE_FORM_FOR

De modo análogo al link_to_remote, el remote_form_for permite que envíe datos escritos en un formulario para el controller adecuado sin cambiar de página, de modo asíncrono. Para probar el remote_form_for, vamos a sustituir el link "Nueva categoría" por un formulario completo en la página de listado de categorías. Cuando es enviado, el controller create da de alta la nueva categoría y, a través de efectos de javascript, hacemos aparecer al nuevo item en la lista sin que la página sea recargada. Comenzaremos creando un id para la tabla y un formulario de alta en la página de listado (views/categorías/index.html.erb)

<h1>Listado de categorías</h1>
<table id='tabla'> <tr> <th>Categorías</th> </tr>
<% for categoría in @categorías %>
<%= rendir :partial =>"lista", :locals =>{:categoría => categoría} %>
<% end %>

```
</table>
<br />
<% remote_form_for(@categoría) do |f| %>
Categoría: <%= f.text_field :nombre_categoría %> <%= f.submit
"Crear" %> <% end %>
```

El remote_form_for, así como el form_for que empleamos anteriormente en este libro, necesita de una instancia del modelo de datos para funcionar. Vamos a añadir esta nueva instancia en la acción index del controller controllers/ categorías_controller.rb:

```
class CategoriasController < ApplicationController
# GET /categorías
# GET /categorías.xml
def index
@categorías = Categoría.find(:all)
@categoría = Categoría.new
respond_to del |format|
format.html # index.html.erb
format.xml { rendir :xml => @categorías }
end
end
.
.
.
```

Si prueba, el formulario ya funciona, enviando los datos a la acción create y dando de alta los datos en la base. Pero la página no es actualizada instantáneamente, usted sólo ve el nuevo item si recarga manualmente la página.

Ahora vamos a construir un template js.rjs para exhibir el item nuevo con un efecto de animación, así como hicimos en los ejemplos anteriores de eliminación de categorías. Aún en el controller controllers/categorías_controller.rb, localice la acción create y añada el formato javascript en el respond_to, de la misma manera que hicimos con la acción destroy en los ejemplos anteriores:

```
def creaty @categoría = Categoría.new(params[:categoría])
respond_to del |format|
If @categoria.save
flash[:notice] = 'La categoría se ha creado correctamente.'
format.html { redirect_to(@categoría) }
format.xml { rendir :xml => @categoría, :status => :created,
:location => @categoría }
format.js
else
format.html { rendir :action => "new" }
format.xml { rendir :xml => @categoría.errors, :status =>
:unprocessable_entity }
format.js
end
end
end
```

Fíjese en el detalle de que esta acción tiene una estructura condicional (if...else). Usted debe añadir la instrucción format.js en ambos.

Finalmente, cree un nuevo archivo llamado views/categorías/create.js.rjs, donde instruir el javascript para añadir el nuevo item al final de la tabla (cuyo id es "tabla") y hacer una animación.

```
page.insert_html :bottom,'tabla',:partial => "lista", :locals
=>{:categoría => @categoría} page.visual_effect :highlight,
don_id(@categoría)
```

La primera línea manda añadir un partial al final (:bottom) del elemento ID es "tabla". Este partial listará el item más reciente añadido a la base. La segunda añade una animación pintando momentáneamente el item recién añadido en la página de amarillo.

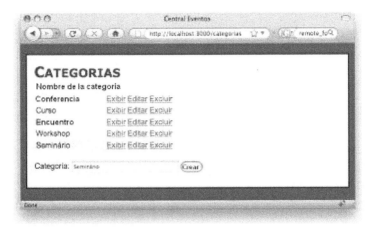

Desarrollo basado en Pruebas

Aunque hayamos ignorado este asunto durante todo el libro, indiscutiblemente una de las partes más importantes de cualquier aplicación Rails son las pruebas. Todo el framework Rails viene con una estructura lista para la creación de pruebas automatizadas para su web o aplicación, y usted percibirá que no es díficil comenzar a escribir sus pruebas.

¿Por qué escribir pruebas?

Todo desarrollador, aún siendo principiante, prueba sus aplicaciones mientras las desarrolla, de modo manual: accediendo individualmente a cada una de las secciones de la web y actuando cómo si fuera un usuario -listando y dando de alta algunos registros y hasta intentando provocar algunos errores para ver si la aplicación está preparada. El problema es que ese sistema se vuelve cada vez más limitado mientras la web o aplicación crece en tamaño y recursos.

El desarrollo basado en pruebas forma parte de un concepto más amplio llamado metodología Extreme Programming (XP). En la metodología XP, después del establecimiento de que funcionalidades precisa tener la aplicación, el desarrollo siempre comienza con la creación de las pruebas automatizadas. Una vez escritas, las pruebas sirven como una línea de guía, definiendo las condiciones según las cuales el código a ser desarrollado debe ser creado. En resumen: sólamente después de que las pruebas hayan sido escritas, es cuando las funcionalidades de la aplicación son desarrolladas. A pesar de eso, para los propósitos de este libro, las pruebas fueron ignoradas hasta el momento porque su introducción significaria desviar nuestra atención de la demostración de Rails en sí.

TEXTOS DE UNIDAD Y PRUEBAS FUNCIONALES

Rails ofrece dos formas principales de pruebas: pruebas de unidad y pruebas funcionales. Las primeras prueban los modelos de datos, garantizando que validaciones, asociaciones, etc. funcionan correctamente. Los últimos prueban si la lógica funcional de la aplicación, presente en controllers y views, está correcta.

CREANDO NUESTRA PRIMERA PRUEBA DE UNIDAD

Vamos a comenzar creando algunas pruebas de unidad en nuestra aplicación. Abra el archivo test/unit/evento_test.rb Este archivo deberá estar así.

require 'test_helper'

class EventoTest < ActiveSupport::TestCase # Replace this with your real tests. test "the truth" del assert true end end

Note que esa clase ya contiene una prueba (llamada "the truth") que sirve apenas como ejemplo pero no hace absolutamente nada - puede borrarlo.

Todos los bloques de prueba son iniciados por la instrucción *test* seguido por un nombre o una descripción de lo que la prueba hace. Algunas personas prefieren nombrar sus pruebas explicando lo que la aplicación debería hacer en determinadas circunstancias. En inglés, podemos traducir "debería" como "should", así un buen nombre para una prueba que va a asegurar que es posible grabar datos en la base sería: "should create evento" (Debería crear un evento) Vamos a crear esta prueba:

```
require 'test_helper'

class EventoTest < ActiveSupport::TestCase

  test "should create evento" do

  end

end
```

Lo mínimo que cualquier prueba debe tener es uno (o más) "assert". En español, la palabra "assert" significa afirmación- pero para comprender mejor su uso en pruebas una traducción mejor sería "Asegúrese de que…" o "Compruebe que…" Vamos a completar el código de la primera prueba para entender su funcionamiento:

```
require 'test_helper'

class EventoTest < ActiveSupport::TestCase

  test "should create evento" do
    evento = Evento.create(:titulo => "Aprendendo Rails")
    assert evento.valid?
  end

end
```

En la primera línea de la prueba, utilizamos un comando Rails para insertar un nuevo registro en la tabla de eventos, en la secuencia utilizamos un assert para asegurar que el evento fue realmente guardado en la tabla y es que este es válido.

Cuando creamos las pruebas para nuestras models y controllers, es importante probar el lado positivo y también el lado negativo. Pero ¿qué quiere decir eso? Quiere decir que además de dar de alta un registro y certificar que fue dado de alta en la base, debemos también intentar insertar un registro no válido y ver si nuestra aplicación lo rechaza. Un ejemplo de eso sería crear una prueba que intentara dar de alta un nuevo evento sin título. Debe recordar que anteriormente en este libro nosotros añadimos una validación en el model Evento que requería que los eventos tuvieran título. Vamos a añadir esta prueba y ver si la aplicación rechaza el registro.

```
require 'test_helper'
class EventoTest < ActiveSupport::TestCase
test "should create evento" del evento = Evento.create(:titulo =>
"Aprendiendo Rails") assert evento.valid?
end
test "should require titulo" del evento = Evento.create(:titulo =>
nil) assert !evento.valid?
end
end
```

Observe en primer lugar que en el nombre que dimos a la prueba (should require titulo -debería requerir el título). En esta prueba intentamos insertar un nuevo evento con el título vacío (nil) y el assert comprueba que el registro no es válido (la exclamación sirve como negación.). Más adelante veremos que además del "assert" simple, que verifica si determinada condición es verdadera, existen otros tipos de assert utilizados en situaciones específicas, como el assert_response, assert_select, assert_equal, assert_not_nil y muchos otros.

EJECUTANDO LAS PRUEBAS

Ruby on Rails trabaja con una base de datos exclusiva para pruebas, cuyos datos son excluidos y vueltos a crear para cada nueva prueba. Antes de ejecutar las pruebas, necesita garantizar que todas las bases de datos de su aplicación fueron creadas (y no sólo la de desarrollo). Para eso, utilice el comando rake db:create:all

Ejecutando las pruebas de Unidad

Para hacer las pruebas de unidad de una aplicación en Rails, usamos el comando indicado abajo:

```
rake test:units
```

El resultado del comando, en la aplicación que tenemos ahora, es algo así:

```
in /Users/cassio/Sites/eventos)
/System/Library/Frameworks/Ruby.framework/Versions/1.8/usr/bin/
ruby -Ilib:test "/Library/Ruby/Gems/1.8/gems/rake-0.8.1/lib/
rake/rake_test_loader.rb" "test/unit/categoria_test.rb" "test/
unit/evento_test.rb"
Loaded suite /Library/Ruby/Gems/1.8/gems/rake-0.8.1/lib/rake/
rake_test_loader
Started

..

Finished in 0.061371 seconds.

2 tests, 2 assertions, 0 failures, 0 errors
```

Como puede ver, lo que esta tarea de rake hace es invocar la biblioteca test/unit para ejecutar cada una de las pruebas ya creadas hasta el momento, y que en este caso se pasaron. También es posible ejecutar sólo las pruebas funcionales, utilizando el comando rake test:functionals. El comando rake:test ejecuta todas las pruebas.

FIXTURES

Para realizar las pruebas de una forma un poco más sofisticada, es importante que la base de datos de prueba contenga algunos datos ya introducidos para manipular. Esto puede ser realizado a través del uso de *fixtures*. Fixtures son archivos yaml que contienen datos que son cargados en la base de datos durante la ejecución de las pruebas. Vamos a abrir el fixture de eventos en el directorio test/fixtures/eventos.yml, que deberá estar así:

```
# Read about fixtures at http://ar.rubyonrails.org/classes/
Fixtures.html


# one:
#   column: value
#
# two:
#   column: value
```

Vamos a modificar el archivo de fixtures incrementando algunos datos. Al final el archivo quedará así:

```
# Read about fixtures at //ar.rubyonrails.org/classes/
Fixtures.html

conferencia_rails:
    id: 1
    titulo: Desarrollo agil con Rails
    fecha: 2013-09-30
    descripcion: Conferencia sobre desarrollo agil
de aplicaciones para la web
    categoria_id: 1

curso_rails:
    id: 2
    titulo: Ruby on Rails para Principiantes
    fecha: 2013-10-21
    descripcion: Curso de Ruby on Rails para principiantes
    categoria_id: 2
```

Los datos que acabamos de introducir serán automáticamente introducidos en nuestra base de pruebas cuando los necesitemos. Perciba que cada uno de los datos tiene un identificador, que en este caso son "conferencia_rails" y "curso_rails". Estos identificadores pueden ser utilizados en los métodos de pruebas para referirse a los datos.

Vamos a aprovechar para insertar algunos datos también en la fixtures de categorías (test/ fixtures/categorías.yml). El archivo deberá quedar como se muestra a continuación:

```
one:
    id: 1
    nombre_categoria: Conferencia

two:
    id: 2
    nombre_categoria: Formacion
```

Note que en esta fixture vamos a mantener los índices "one" y "two". El motivo es simple: como usamos un scaffold para generar el controller y las views de categorías, el scaffold ya creó también una serie de pruebas funcionales para el controller categorías haciendo uso de estos índices.

TEXTOS FUNCIONALES

Vamos a realizar ahora algunas pruebas funcionales para evaluar el funcionamiento de nuestro controller y de las views de eventos. Es importante recordar que a pesar de haber la distinción entre pruebas de unidad (que prueban el modelo de datos) y pruebas funcionales (dirigidas a pruebas en el controller), es perfectamente posible hacer pruebas funcionales que realicen modificaciones en la base de datos.

Abra el archivo de pruebas test/functional/eventos_controller_test, que debe estar así:

require 'test_helper'

*class EventosControllerTest < ActionController::TestCase #
Replace this with your real tests.*

test "the truth" del assert true end end

Al igual que en el archivo de pruebas de unidad, ese archivo ya contiene un método de prueba, sin embargo esta prueba no hace absolutamente nada y puede ser eliminada.

Probando la exhibición de datos

Vamos a comenzar insertando una prueba que prueba simplemente si la view index es dirigida al usuario:

```
require 'test_helper'

class EventosControllerTest < ActionController::TestCase

  test "should get index" do
    get :index
    assert_response :success
  end

end
```

El método http GET hace una solicitud al servidor a través del index y nuestra primera afirmación es realizada sólo con el assert, pero con el assert_response, que comprueba la respuesta dada por el servidor (en este caso probamos si la respuesta :success, o sea, si la view fue abierta).

Aún podemos mejorar esta prueba, podemos ver si la lista de eventos fue cargada de la base -para eso utilizaremos el *assings*. Assigns es un método auxiliar (un helper) disponible para las pruebas que puede ser utilizado para acceder a todas las variabales de instancia definidas en la acción solicitada.

Con esta modificación nuestra prueba queda así:

```
require 'test_helper'

class EventosControllerTest < ActionController::TestCase

  test "should get index" do
    get :index
    assert_response :success
    assert_not_nil assigns(:eventos)
  end

end
```

Esta vez utilizamos el assert_not_nil para asegurar que la variable de instancia que almacena los datos procedentes de la base no está vacía. En nuestra próxima prueba funcional, vamos a comprobar la acción show del controller de eventos.

require 'test_helper'

class EventosControllerTest < ActionController::TestCase
test "should get index" del get :index assert_response :success
assert_not_nil assigns(:eventos)
end
test "should show evento" del get :show, :id =>
eventos(:palestra_rails).id assert_response :success
end
end

Una vez más usamos el método get para solicitar una view, sólo que en este caso pasamos un id como parametro. Fíjese que buscamos dinámicamente el id de la fixture cuya identificación es "conferencia_rails". En la secuencia, usamos el assert_response para garantizar que la view fue encaminada con éxito.

Probando la inserción de datos

Vamos a hacer ahora algunas pruebas relacionadas con la introducción de datos. Primero, vamos a escribir una prueba simple para saber si la view "new" es encaminada con éxito. A continuación, vamos a hacer una prueba que intenta dar de alta un nuevo evento y comprueba dos cosas: si el nuevo dato fue registrado en la base y si el sistema redireccionó a la página que exhibe el evento recién creado. Con las nuevas pruebas, nuestro archivo deberá estar así:

```
require 'test_helper'
class EventosControllerTest < ActionController::TestCase
test "should get index" del
get :index assert_response :success assert_not_nil
assigns(:eventos)
end
test "should show evento" del
get :show, :id => eventos(:conferencia_rails).id assert_response
:success end
test "should get new" del get :new assert_response :success
end
test "should create evento" del assert_difference('Evento.count')
dlo
post :create, :evento => {:titulo => "Nuevo Evento"} end
assert_redirected_to evento_path(assigns(:evento))
end
end
```

En este útimo ejemplo empleamos dos nuevos tipos de assert. Primero, utilizamos el *"assert_diference"*. El assert_difference crea un bloque dentro del cual manipulamos la base de datos, y al final evalúa si hay diferencia en el número de registros en la base de datos antes y después de esta manipulación. Después comprobamos a través del *assert_redirected_to* si la view show fue encaminada para mostrar los datos del evento creado.

Probando la edición de datos

De modo similar a las pruebas de inserción de datos, donde primero verificamos si la view es enviada y después comprobamos si los datos fueron grabados en la base, vamos a probar ahora si la view "edit" es mostrada al usuario y si el dato es actualizado en la base por la acción "update". Nuestras nuevas pruebas deberían quedar así:

```
require 'test_helper' class EventosControllerTest <
ActionController::TestCasy
test "should get index" del get :index assert_response :success
assert_not_nil assigns(:eventos)
end
test "should show evento" del get :show, :id =>
eventos(:palestra_rails).id assert_response :success
end
test "should get new" del get :new assert_response :success
end
test "should create evento" del assert_difference('Evento.count')
dlo
post :create, :evento => {:titulo => "Nuevo Evento"} end
assert_redirected_to evento_path(assigns(:evento))
end
test "should get edit" del get :edit, :id =>
eventos(:conferencia_rails).id assert_response :success
end
test "should update evento" del put :update, :id =>
eventos(:conferencia_rails).id, :evento => {:titulo => "Titulo
actualizado" } assert_redirected_to evento_path(assigns(:evento))
end
end
```

La primera prueba -should get edit, utiliza el método get pasando cómo parametro el id del primer registro de la base de datos de prueba (conforme habíamos configurado en el archivo de fixtures) para cargar la view edit. El assert_response comprueba si esta view fue encaminada correctamente. La segunda prueba - should update evento, utiliza el método PUT para enviar datos actualizados del evento a la base de datos de prueba (en este caso, intentamos actualizar el título del evento a "Titulo actualizado"). Assert_redirectes_to comprueba si la view "show" con los datos actualizados del evento fue mostrada.

Probando la eliminación de datos

Finalmente, vamos a hacer una última prueba que intenta eliminar un registro de la base y comprueba si el registro es de hecho excluido y si la view de eventos es encaminada. Nuestra prueba quedará así:

class EventosControllerTest < ActionController::TestCase
test "should get index" del get :index assert_response :success
assert_not_nil assigns(:eventos)
end
test "should show evento" del get :show, :id =>
eventos(:conferencia_rails).id assert_response :success
end
test "should get new" del get :new assert_response :success
end
test "should create evento" del assert_difference('Evento.count')
dlo
post :create, :evento => {:titulo => "Nuevo Evento"} end
assert_redirected_to evento_path(assigns(:evento))
end
test "should get edit" del get :edit, :id =>
eventos(:conferencia_rails).id assert_response :success
end
test "should update evento" del put :update, :id =>
eventos(:conferencia_rails).id, :evento => {:titulo => "Titulo
actualizado" } assert_redirected_to evento_path(assigns(:evento))
end
test "should destroy evento" del assert_difference('Evento.count', -1) dlo

delete :destroy, :id => eventos(:conferencia_rails).id end
assert_redirected_to eventos_path
end
end

Como usted puede notar, esta prueba hace la solicitud al servidor utilizando el método http DELETE, enviando cómo parametro el id del primer registro de la base de datos de prueba. Utilizando un bloque assert_diference, primero comprobamos si después de la manipulación la base de datos queda con un registro menos que antes. En la secuencia, comprobamos si la view de eventos es encaminada correctamente a través del assert_redirects_to.

BIBLIOGRAFÍA

Para la elaboración de este libro se han consultado, leído y contrastado la información con las siguientes fuentes:

Libros

Jump Start Rails, de Andy Hawthorne

The Book of Ruby, de Huw Collingbourne

Refactoring in Ruby, de William C. Wake y Kevin Rutherford

Aprendendo Ruby on Rails, de la Wikipedia.

Páginas web:

http://wikikepedia.org

http://rubyonrails.org

Acerca del Autor

Ángel Arias

Ángel Arias es un consultor informático con más de 12 años de experiencia en sector informático. Con experiencia en trabajos de consultoría, seguridad en sistemas informáticos y en implementación de software empresarial, en grandes empresas nacionales y multinacionales, Ángel se decantó por el ámbito de la formación online, y ahora combina su trabajo como consultor informático, con el papel de profesor online y autor de numerosos cursos online de informática y otras materias.

Ahora Ángel Arias, también comienza su andadura en el mundo de la literatura sobre la temática de la informática, donde ,con mucho empeño, tratará de difundir sus conocimientos para que otros profesionales puedan crecer y mejorar profesional y laboralmente.

www.ingramcontent.com/pod-product-compliance
Lightning Source LLC
LaVergne TN
LVHW052307060326
832902LV00021B/3754